KB268059

요즘, 밥값 하고 사십니까?

요즘, 밥값 하고 사십니까?

요즘, 밥값 하고 사십니까?

초판 1쇄 인쇄	2018년 10월 15일
초판 1쇄 발행	2018년 10월 23일
지은이	김갑식
일러스트	황중환
펴낸이	최윤호
펴낸곳	파워팩토리 동행(주)
편 집	박주경
교 열	전영옥
디자인	박무선
출판등록	2017년 3월 6일 제2017-000030호
페이스북	www.facebook.com/PFDonghaeng/
	www.facebook.com/yunho.choi.963/
전 화	(02) 752-4408 팩 스 (02) 753-4407
이메일	uknow2000@naver.com
ISBN	979-11-964136-0-6 03200

요즘, 밥값

하고 사십니까?

길을 찾는 당신에게 … 동아일보 연재 〈맘길〉

김갑식 종교전문기자 | 황중환 카투니스트

PFD

파워팩토리 동행

넓고 깊은 종교의 바다, 그 속에 길이 있다

2014년 '몸길'이란 제목의 종교 칼럼을 시작했다. 몸 따로, 마음 따로가 아니라 조화된 삶의 길을 전하자는 취지였다.

매주 글을 쓸 때마다 확실해졌다. 모르거나 부족한 것이 많다는 것이다. 종이로 인쇄돼 번듯해 보이는 칼럼 행간의 다수는 부끄러움이 차지했다. 남들은 무심코 지나갈 수 있어도 본인은 알 수밖에 없는 초보운전자의 끝없는 S자 코스였다.

몸과 마음이 모두 행복해지는 글과는 달리 날이 서고 까칠한 내용들이 많았다. 우선, 종교의 위기라는 말처럼 시대적 영향이 컸다. 종교의 울타리에 있는 성직자들과 종교 현상이 21세기의 사회적 잣대를 따라가지 못하는 경우가 적지 않았다.

하지만 필자의 좁은 눈과 작은 그릇도 원인의 하나였다. 종교의 바다는 넓고 깊다. 보이는 게 전부는 아니었다. 시간이 흐르면서 이면의 세계가 있고, 다른 목소리가 있고, 모습을 드러내길 마다하는 고수(高手)들의 존재도 알게 됐다.

프란치스코 교황, 김수환 추기경과 법정 스님, 지난 5월 입적한 신흥사 회주 오현 스님은 칼럼에 자주 등장했다. 이들의 삶 자체가 뉴스였고, 뫔길이 가야 하는 길이었기 때문이리라. 영원한 자유인의 삶으로 많은 이들에게 선한 의지를 불러 일으켰던 오현 스님은 안타깝게도 또 다른 여정을 떠났다.

칼럼이 게재되던 당시 화제가 되던 이슈와 인물에 집중해 지금의 기준에서 볼 때 상황이 바뀐 것도 있지만 일부 표현을 바꾼 채 게재시기를 밝혀 그대로 실었다. 가지가 달라졌지만 그 몸통과 뿌리는 여전히 변하지 않았다는 판단 때문이다.

'밥값'의 정호승 시인은 언제나 무딘 머리에 죽비를 내려주는 멘토였다. 독실한 가톨릭 신자이면서도 다른 종교에 넓게 열려 있는 시인의 넉넉한 품과 겸손, 치열함은 그 자체가 배움을 줬다. "밥값 못하고 있지. 제대로 된 시 하나 쓰는 게 내 밥값인데…"라는 그의 말에 부끄러웠다.

시인의 겸손함을 따라가지는 못해도 몇 숟가락 분의 밥값이라도 하며 살고 싶다. 한 가지 더 보탠다면 이제는 사람들의 뫔길을 시원하게 뚫어줄 수 있는 그런 종교의 진정한 모습을 기다려 본다.

2018 뜨거운 여름날, 김갑식

김갑식 기자의 '맘길'을 읽으면 이 시대의 진정한 향기를 맡을 수 있다. 서로 미워하고 증오하고 불신함으로써 인간의 향기마저 사라진 이 시대에 그래도 연꽃향기처럼 은은히 퍼져나가는 인간의 고귀한 향기를 맡을 수 있다. 나눔과 배려의 향기, 신뢰와 소통의 향기, 희망과 평화의 향기, 그 무엇보다도 연민과 사랑의 향기를 맡을 수 있다. 당신의 삶에는 지금 어떠한 인간의 향기가 나는가.

_정호승 시인

쉽게 접할 수 없는 생생한 종교 현장에서의 이야기를 재미있으면서도 기자적인 날카로운 시선으로 풀어간 에세이집입니다. 어떻게 종교가 사회적 이슈들을 만났을 때 새롭게 해석하면서 변화해 나가는지, 혹은 종교인들의 존경스러운 모습 내지 반대로 실망스러운 부분을 잘 드러내어 이 시대에 필요한 종교인상은 무엇인지를 독자들에게 생각하게 합니다. 과거 종교의 역사가 또 어떻게 현재와 만나고 개신교, 가톨릭, 불교가 어떤 차이점과 더불어 공통점이 있는지가 흥미롭게 드러난 수작입니다.

_혜민 스님

김갑식 기자는 어눌하고 수줍고 똑 부러지는 구석이 없는 사람입니다. 종교인들과 부러지지 않고 계속 인연을 맺기에 딱 좋은 캐릭터의 소유자입니다. 종교인들은 대쪽같아 잘 부러 집니다. 김 기자는 그런 종교인들을 잘 수용하는 매력이 있습니다. 그래서 글이 그를 거치면 또 하나의 설교와 설법이 되어 탄생합니다.

_홍창진 신부·장애인어린이합창단 에반젤리 대표

'내 마음 나도 모르겠다'와 '무슨 일이든 마음먹기에 달려 있다'는 문장은 종이 한 장 차이로 세속의 나를 들었다놨다 한다. 마음엔 형태가 없으니 부르기 나름인 듯 오묘하다. 그러나 몸은 또 얼마나 형태가 분명한지, 하루 한 끼의 반응까지도 적나라하다. 종교전문기자의 <밤길>에는 그런 마음과 몸 사이, 세속과 종교계 사이에 길을 튼 섬세하고 독특하면서도 울림이 큰 글들이 모여 있다. 나는 <밤길>에서 불교와 천주교, 개신교의 이야기를 토끼눈을 뜨고 빠른 심장소리를 내며 읽는다. 그리고 잘 모르겠다던 내 마음을 들여다본다. 세속이든 종교계든, 역시나 원인 없는 결과가 없구나. 과연 동쪽으로 기운 나무는 동쪽으로 쓰러진다, 역시 콩 심은 데 콩이 나고. 그러니 형태 없는 마음을 잘 살펴야지, 그런 다짐을 <밤길>은 저절로 하게 만든다. 고마운 글들이다.

_정은숙 · 출판사 마음산책 대표

자신의 자리에서 겸손하게 자신의 본분을 다하며 살아가는 종교인들. 그런 사람들이 진정 세상의 빛과 소금이겠지요. 김갑식 동아일보 전문기자의 글에서 만나는 분들은 그렇습니다. 비록 큰 자리에 있어도 작은 마음을 갖고 있는 분들, 아름다운 분들이죠. 교황님이 그렇고, 인품 넉넉한 스님, 겸손하게 봉사하는 목사님들. 김 기자의 글들 또한 그러하다는 생각이 듭니다. 힘주지 않고, 편안한 마음으로 진심을 담아 세상에 따뜻한 글 한줄을 선물하는 그가 곧 우리시대의 '작지만 소중한' 글쟁이라는 생각이 들게 하는 칼럼집입니다.

_김수연 목사 · 작은도서관 만드는 사람들 대표

잃어버린 사랑과 용서, 화해로 가는 몸길

　사람이 사는 곳에는 항상 길이 있습니다. 누구나 길을 걸어가기 때문입니다. 중국에서는 통치자를 위해 성을 쌓았지만 로마에서는 길을 내었다는 말이 있죠. 그러나 한 사람의 권력을 위해 성을 쌓고 길을 낼 때 얼마나 많은 사람들이 강제 노동에 시달렸겠습니까? 같은 길이래도 남을 위해 길을 닦는 것은 참으로 아름다운 일입니다.

　눈 내리는 겨울, 끝없이 펼쳐지는 설원에서 어디가 길인지도 모를 때, 누군가가 발자국으로 표시해 놓은 길을 보면 그렇게 반가울 수가 없습니다. 저는 산길 걷는 것을 좋아합니다. 산길을 걷노라면 구름 위를 걷는 듯 마음은 새가 되어 나무 위를 날아다니는 듯하고 그토록 무거웠던 어깨가 가볍기가 그지없죠. 그러면서 누군가가 이 길을 닦아 놓았으리란 것을 생각하며 고마운 생각을 해 봅니다.

　더구나 우리 몸뿐만 아니라 마음이 걸어갈 수 있는 산책길을 내어 놓는다는 것은 얼마나 아름다운지 모릅니다. 김갑식 전문기자의 묵길이 바로 그런 길입니다.

'묵길'의 글은 푸른 바람이 부는 깊은 산길을 걷게 하고 때로는 외로운 사막길을 걷게 하기도 합니다. 저는 이 글을 읽으면서 풀 한 포기 없는, 꽃 한 송이 피지 않은, 짐승의 울음소리조차 들리지 않는 마음의 외로운 사막으로 걸어가 손으로 모래흙을 파서 솟아나는 물 한 모금 마시고 싶은 생각이 문득문득 들었습니다.

회색빛 콘크리트 도시에 살며 마음이 삭막해진 현대인들이 꼭 읽어보았으면 좋겠습니다. 그래서 우리의 잃어버린 사랑과 용서, 화해와 치유, 희망과 꿈을 회복하였으면 좋겠습니다. 똑같은 글이지만 감정의 날을 세워서 누군가를 비난하고 공격하는 글은 사무라이의 검 같은 글이죠. 그러나 똑같은 칼이지만 정원사에 손에 들려진 칼은 꽃을 가꾸고 아름다운 화원을 만듭니다. 그의 글은 정원사의 칼처럼 삭막한 현대인의 마음을 향기로운 화원으로 가꾸어줄 것입니다.

많은 분들이 책을 읽고 함께 사랑과 치유, 화해와 희망의 묵길을 걸어갔으면 좋겠습니다.

새에덴교회 담임목사·시인 소강석

CONTENTS

01 향기 있는 삶

02 회초리와 죽비

03 낙산사에 두고 온 마음

04 산티아고와 아미시

01

향기 있는 삶

서울 조계사 근처에 승소(僧笑)라는 음식점이 있습니다. 이곳은 조계사가 운영하는 곳으로 비교적 저렴한 가격에 잔치국수와 비빔국수, 미역옹심이를 팝니다.

스님들이 국수나 냉면 같은 밀가루 음식을 유별나게 좋아한다는 것은 소문난 사실이죠. 그래서 절집에서는 국수를 승소면(僧笑麵)이라고 부릅니다. 스님들이 국수를 보면 저절로 방긋방긋 웃는다고 해서 붙여진 것이다. 오죽하면 밀가루로 쑨 풀이 발라져 있는 문풍지를 보고도 침을 꿀꺽 삼킨다는 말이 나올까요.

25일 무소유의 삶으로 널리 알려진 법정 스님 4주기 추모법회에 다녀왔습니다. 시간이 지나서인지 법회에 모인 추모객이나 스님들의 수는 눈에 띄게 줄었습니다. 조계종에서 주요 소임을 맡은 스님들도 대부분 보이지 않았습니다. 행사를 준비한 길상사와 시민모임 '맑고 향기롭게'는 청빈의 삶을 살다간 스님의 뜻을 기려 조촐하게 치른다고 밝혔지만 아쉬웠습니다.

차분하게 진행된 이날 법회에서 예전처럼 등장한 것은 스님 영정 앞의 간장국수. 잔치국수지만 자극적인 향신료 없이 간장으로 간을 맞춰 이렇게 불립니다. 스님이 생전 워낙 좋아했던 음식이라 매년 추모법회 때마다 올리고 있다는 설명입니다. 절집 음식답게 버섯과 다시마로 국물을 연하게 내고 간장으로만 간을 맞췄습니다.

간장국수에는 송광사 불일암에서 소박한 삶을 살았던 법정 스님의 삶이 오롯이 담겨 있습니다. 평소 스님은 인사치레나 번잡한 일을 독을 보듯 싫어했습니다.

법흥 스님의 추모사입니다. "젊은 시절 법정 스님에게 다른 절에 가서 소임 맡아 같이 지내자고 했더니 이런 말이 돌아왔어. '공부하는 데 방해되게 뭐 그런 짓을 쓸데없이….' 스님이 공부에는 무척 열심이고, 이기적이었어.(웃음)"

이기적이라는 말까지 들을 정도로 법정 스님은 소박한 삶을 꾸려가면서 자신에게 철저했습니다. 그래도 불일암에 불청객들이 들이닥칠 때가 있었습니다. 그러면 스님은 금세 간장국수를 내놨다고 합니다.

열이면 열, 간장국수는 불청객들에게 별미였다는 평가입니다. 그들이 맛을 본 것은 국수뿐 아니라 스님 삶의 한 자락 아니었을까요.

2014. 2.

스님의 별명 속엔
그 삶의 궤적이…

30년 된 승복을 기워 입는 '누더기 스님'으로 알려진 부산 영일암 주지 현응 스님이 최근 동국대에 1억 원을 기부해 화제가 됐습니다.

현응 스님은 2007년에도 사찰 소유지가 수용되면서 받은 보상금 중 1억 원을 동국대 일산불교병원 발전을 위해 기부했고 지난해에도 사찰의 모든 재산 6억 원을 인재불사에 써달라며 같은 대학에 맡겼습니다. 스님의 또 다른 별명은 '4무(無) 스님'입니다. 휴대전화와 신용카드, 자동차, 인터넷을 일절 사용하지 않는다고 해서 붙여진 것입니다.

스님을 법명이 아닌 별명으로 부르는 것을 불경스럽게 여길 수도 있지만 옛 어른 스님들의 별명에는 삶의 한 자락이 담겨 있어 친근하기도 합니다.

동산 스님은 뛰어난 법문으로 '설법제일(說法第一)', 성철 스님은 주로 머물렀던 가야산과 서릿발 같은 선풍으로 '가야산 호랑이'였죠. 조계종 종정을 지냈던 법전 스님은 한번 참선에 들어가면 꼼짝 않는다고 해서 '절구통 수좌', 쌍계총림 방장 고산 스님은 젊은 시절 매섭게 시시비비를 따지는 불같은 성격 때문에 '땡비(땅벌)'로 불렸습니다.

요즘 스님들의 별명에서도 그들이 추구하는 포교와 수행의 방편을 엿볼 수 있습니다. 신도 30여만 명으로 국내 최대 사찰인 대한불교천태종 부산 삼광사 주지 무원 스님(현재 대전 광수사 주지)의 별명은 항상 커다란 자루를 둘러메고 다녔다는 복덕원만(福德圓滿)의 상징, '포대화상(包袋和尚)'입니다. 불교판 산타클로스죠. 넉넉한 외모와 원만한 성품, 다문화가정을 비롯한 소외계층을 돕는 데 열성적인 무원 스님의 별명으로는 제격입니다.

한국불교태고종 충북 옥천 대성사 주지 혜철 스님은 '중매쟁이 스님'으로 불립니다. 결혼이야말로 종교를 뛰어넘는 국가 대계(大計)라는 지론으로 2005년부터 청춘사업에 뛰어들어 1000여 쌍의 인연을 맺어준 것으로 알려져 있습니다. 대성사가 운영하는 인터넷 카페(cafe.daum.net/dasungsa)에는 9000여 명이 회원으로 활동하고 있습니다. 12년간 8000km를 달리며 모금을 통해 소외된 이웃을 도와온 진오 스님은 '철인 스님'입니다.

스님들은 출가할 때 은사 스님으로부터 대개 수행자로서 살아야 할 방향이 담긴 법명을 받습니다. 법명이 삶의 목표라면, 별명은 그 삶의 궤적인 셈이죠.

2014. 9.

전북 남원시 지리산 자락 출신인 그는 맨몸 맨손 맨땅의 '3M 목회자'를 자처합니다.

목회를 꿈꿨지만 한학자인 아버지와의 갈등으로 19세 때 집에서 쫓겨나 수박과 오이장사, 막노동판 등을 전전했습니다. 1988년 교회 개척 이후 신자 3만여 명의 대형교회를 일궈냈습니다.

경기 용인시 새에덴교회 소강석 목사입니다. 최근 그는 개신교에서는 드문 사례의 주인공이 됐습니다. 그의 저서 '스펙을 넘어 스토리를 만들라' 중국판이 출간된 겁니다.

교회에 따르면 한중 수교 23년 만에 국내 목회자의 중국판

저서가 공인된 출판사에서 나온 것은 처음이랍니다. 그만큼 중국 정부의 개신교에 대한 입장은 예민합니다.

중국 당국 통계에 따르면 중국 내 개신교인 수는 2300만 명가량입니다. 하지만 비합법인 '가정 교회' 신자를 합치면 1억 명에 가깝다는 설도 있습니다.

올해 6월에는 중국 종교사무국 간부들이 참여한 '한중기독교교류협회'가 창립됐습니다만 개신교 선교에 대한 중국 정부의 입장은 명확합니다. 공식적, 합법적 창구는 열어 두되, 비합법적 형태의 선교는 용납하지 않겠다는 겁니다.

이 책은 성경 구절과 소 목사의 목회 체험을 다루고 있어 출판이 허가된 것은 의외입니다. 흥미로운 것은 '스펙…'이 종교서가 아니라 성공체험서로 분류됐다는 겁니다. 다소 알쏭달쏭한 제목과 목회자의 인생 스토리가 규제의 틈새를 뚫은 이유인 듯합니다.

책에는 소 목사가 과거 집에서 쫓겨날 때의 상황이나 거리의 여성에게서 받은 유혹이 적나라하게 묘사돼 있습니다. "이썩을 놈아. 뼈 빠지게 농사지어서 가르쳐 놓으니까 예수쟁이가 돼 버렸어.…"

그의 솔직한 유머도 떠오르네요. "교계에서 아버지가 목회자면 성골, 장로는 진골, 이도저도 아니면 '해골'로 불려요. 저는 성(姓)이 소 씨라 '사골'이죠.(웃음)"

목회자의 별명을 알기는커녕 접근도 어려운 게 요즘 개신교 분위기입니다. 그런 그들만의 왕국에서 성(性)과 세속화, 학력 위조 등을 둘러싼 추문도 끊이지 않고 있습니다.

'사골 목사'를 보면서 어쩌면 이 시대 목회자에게 필요한 것은 겉으로 드러난 스펙이 아니라 진솔한 자기고백이 아닐까 합니다.

2014.10.

종두득두種묘得묘… 故 방지일 목사의 마지막 큰 울림

　　　　　　　103세 국내 최고령 목회자로 10일 소천한 방지일 목사의 생전 마지막 설교 제목은 '종두득두(種묘得묘·콩 심은 데 콩 난다)'였습니다.

　㈔방지일목사기념사업회가 이날 발행한 '심은대로'라는 소책자 1면에 사진과 함께 이 내용이 실렸습니다.

　마지막이라지만 사실 이 설교는 2012년 12월 이뤄진 것으로 사연이 있습니다. 개신교 방송인 씨채널이 경기 광주시 진새골사랑의집에서 진행된 녹화에서 '내 인생의 마지막 설교'라는 의미로 부탁한 것이라네요. 이후 고인이 간간이 강단에 섰지만 취지로 볼 때 마지막 설교로 봐도 무방할 겁니다.

고인은 이 설교에서 "외를 심으면 외를 거두고, 팥을 심으면 팥을 거둔다는 말과 같이 종두득두라는 말을 흔히 한다"며 "바울 사도도 갈라디아서에서 심은 대로 거두리라고 하셨다"고 전했습니다. 그러면서 "아무리 좋은 종자라도 그것이 알맞은 옥토에 떨어져야 결실을 30배, 60배, 100배 거둘 수 있다. 같은 종자라도 바탕이 좋지 못하면 그렇게 수확하지 못한다"고 조언했습니다.

고인의 세상을 향한 마지막 당부는 이렇습니다. "내 마음을 항상 잘 살펴서 돌은 골라 치워버려야 하고, 수분이 없으면 수분을 공급해야 하고, 굳었으면 부드럽게 다듬어가면서 옥토를 만들어서, 언제라도 씨가 떨어지면 가장 잘 자랄 수 있도록 늘 가꾸는 우리가 돼야 한다."

평소 검소하게 생활해온 고인은 해외 방문 중 고령에도 꼭 이코노미석을 타고 호텔 방도 다른 사람과 같이 사용했다고 합니다. 그래서 룸메이트가 되는 영광을 안았다는 목사 A 씨의 전언도 있습니다. 방 목사가 머그잔에 모닝 블랙커피를 먹으면서 각설탕을 15개나 넣는 걸 보고 깜짝 놀라 "장수에 해롭지 않냐"고 물었답니다. 그랬더니 싱긋 웃으며 "단맛으로 먹지"라고 했는데 그 미소를 잊을 수 없다고 합니다. 곁에서 지켜본 방 목사는 새벽 3시 반에 일어나 기도와 성경 암송 뒤 항상 갖고 다니던 노트북을 꺼내 독수리 타법으로 2시간 가깝게 이메일 체크와 답신을 했다고 합니다. 한글은 물론 영어와 일본어, 중국어로 언어를 변환해 세계 각지에서 온 메일에 대해 큰 글씨로 답변했다고 합니다.

그러고 보면 저도 그 메일 답신을 받은 적이 있습니다. 올해 초 인터뷰 요청을 메일로 보내자 방 목사는 정말 큼지막한 글씨로 "제가 요즘 건강이 좋지 않아 힘들어요. 다음에 꼭 뵙죠"라는 답신을 보내 온 기억이 납니다.

14일 한국기독교회장으로 치러진 장례예배에는 개신교계의 많은 목회자들이 참석해 고인의 마지막 길을 배웅했습니다. 평소 고인의 목소리가 특정 교단을 넘어 메아리친 것은 나이와 지위가 아니라 평생을 지켜온 경건한 신앙과 삶 때문이었습니다.

벌써부터 이제 쓴소리 할 개신교 원로가 없다는 걱정이 나오고 있습니다. 콩 심은 데 콩 난다, 그 평범한 말에 목회자들이 귀를 열어야 할 때입니다.

2014. 10.

　　　　'한 송이 국화꽃을 피우기 위하여…'로
시작하는 미당 서정주의 '국화옆에서'라는 시가 떠오르는 계
절입니다.

　문득 꽃말 사전을 뒤져 보니 국화만큼 여러 꽃말을 가진 꽃
도 드뭅니다. 일반적인 꽃말은 '당신은 정말 좋은 친구입니다',
성실, 고귀, 진실, 청결, 청순, 정조라고 하네요. 색깔별로 빨
강 국화는 '당신을 사랑합니다', 노랑 국화는 섬세한 사랑과
질투와 짝사랑, 황색 국화는 실망, 흰 국화는 진실과 성실, 이
별, 감사….

　경기 연천군에서 열리는 구석기축제 한편에서는 10만 송이

가 넘는 국화가 전시되고 있습니다. 한 줄기에 400송이의 꽃이 있는 다륜을 비롯해 현무암과 고목에 국화 분재를 길러낸 작품들도 있습니다. 그곳에는 고 전승규 신부를 기리는 공간도 마련돼 있습니다.

천주교 의정부교구 연천본당 주임 신부로 사목하던 전 신부는 암으로 투병하다 지난해 3월 52세를 일기로 선종(善終)했습니다. 연천군에서 그는 '국화신부'로 불렸답니다. 그가 2005년 성당 뜰에서 시작한 국화 축제가 이번 전시로 이어지며 결실을 맺게 됐습니다.

고인과 함께 국화를 키워온 김재수 씨의 얘기입니다. "신부님이 2004년 9월 부임해 연천에 와서 '성당이 어디 있느냐'고 물었더니 다들 모른다고 고개를 젓더랍니다. 결국 읍사무소까지 찾아와 물었더니 바로 뒤에 있다고 알려줬다고 하네요. 좁은 동네에서 성당 하나 못 찾는 게 아쉽고, 주변에 도움이 될 것이 뭔가 고민하다 교우 중 국화 키우는 분이 있어 축제가 시작된 거죠."

이듬해 400평 남짓한 성당은 국화로 가득 채워졌습니다. '성당 마당에 국화 키우면 사람들이 찾아오겠지' 하는 고인의 바람도 자연스럽게 이뤄졌습니다. 이 축제는 전 신부가 인근

수련원장으로 발령이 난 뒤에도 계속됐습니다. 지병과 과로로 전 신부가 선종하자 성당과 연천군은 더 많은 사람이 즐길 수 있는 이번 전시로 발전시켰습니다.

가까이서 고인을 지켜본 김 씨의 말이 '짠하게' 들립니다. "국화만 보면 제 심기가 사납죠. 신부님이 국화만 안 했어도 더 사셨을 텐데…. 그래도 이렇게 많은 사람들이 좋아하니까 신부님 뜻이 이어지는 것도 같고…."

연천군은 국화 전시에 대한 호응이 커서 내년에는 더욱 크게 행사를 준비할 예정이랍니다.

마침, 서울 우정국로 조계사도 2만 송이의 국화로 덮여 있습니다. 국화 옷을 입은 동자승과 보리수 등 다양한 볼거리가 많습니다. 깊어가는 가을, 국향과 그 속에 담긴 사연을 가슴 속에 담아 보면 어떨까요.

2014. 10.

'하늘나라 우체국장'
목사님

오늘 점심시간에 '하늘나라 우체국장님'을 만나고 왔습니다.

20일 '슬픔이 있는 곳이 성지다'(해피홈)라는 책을 출간한 송길원 목사가 주인공입니다. 그는 우정사업본부 소속이 아닙니다. 그의 우체통은 세월호 참사 구조작업이 진행되던 전남 진도군 팽목항에 '하늘나라 우체통'이라는 이름으로 설치돼 있습니다.

그가 낯선 명칭의 우체국장이 된 사연은 이렇습니다. 세월호 참사가 일어나자 도저히 가만히 있을 수가 없던 그는 참사 100일째인 7월 24일 팽목항에 우체통을 세웠습니다. 편지 쓰기가 힐링을 위한 가장 효과적인 방법이라는 게 그 출발점이 있다네요.

"사고 직후를 돌이켜보면 현장에 사람은 많았는데 '위로한다' '애도한다'는 식의 백마디 말은 소용이 없었어요. 그 과정을 지켜보다 유족이나 그 유족을 위로하고 싶은 시민들 모두 말이 아닌 편지로 가슴 속 애기를 하면 어떨까 생각했습니다."

우체통을 세운 뒤 편지 쓰기를 독려하는 우정사업본부 행사가 있었는데 우체통 관리 역할을 맡긴 팽목항 현지 활동가가 연락이 되지 않았다고 하네요. 그래서 대신 참석한 송 목사가 행사장에서 우체국장으로 소개됐다고 합니다.

편지들은 전국 어디에서든 수취인을 '진도 하늘나라 우체통'으로 하면 팽목항 우체통으로 배달되고 있습니다. 이렇게해서 19일까지 우체통에 들어온 편지는 2243통입니다. 유족을 위로하는 내용이 대부분이고, 세월호 대책이 미진하다는 주장을 담은 편지도 꽤 있었다고 합니다. 우체통에 돈과 목걸이를 넣은 경우도 있다네요.

"제 책은 우체통에 모인 편지에 대한 일종의 답신이죠. 영성학자들 연구나 경험에 비추어 볼 때 슬픔을 치유하는 데 편

지 쓰기만큼 좋은 방법이 없습니다."(송 목사)

책은 편지 사연 일부와 함께 성경 속 재난 심리와 치유를 주제로 다뤘습니다.

한때 '웰빙' 바람이 분 적도 있습니다. 하지만 이제 우리 사회의 화두는 웰다잉(Well-dying)으로 바뀐 것 아닌가 합니다. 재난뿐 아니라 다양한 이유로 찾아오는 죽음에 대한 준비가 필요한 때입니다. 감정적으로는 슬프지만 '나는 어떻게 죽을까' '어떻게 세상과 이별할까'라는 고민을 하게 됩니다.

2014. 11.

사람들은 달력이라는 단어에서
날짜와 절기, 각종 공휴일을 떠올립니다. 여기에 가족의 생일
이나 결혼기념일 등이 겹쳐지죠.

종교 분야를 취재하는 제게는 어느새 또 다른 특별한 날들
이 생겼습니다. 부처님오신날과 성탄절을 빼고도 꼭 기억해야
하는 날짜들이죠. 김수환 추기경 선종일(2월 16일), 법정 스님
입적일(올해는 3월 16일), 한경직 목사 소천일(4월 19일), 원불교
대각개교절(4월 28일) 등이 그렇습니다.

매년 돌아오는 이런 날짜들에 맞춰 어울리는 기사를 싣지
못하면 제대로 일을 못했다는 불편함에 시달립니다. 다른 기

자의 돋보이는 기사를 보게 되면 가족 누군가의 생일이나 결혼기념일 같은 '빅 데이(Big Day)'를 잊고 지나간 것과 비슷한 후유증까지 겪습니다.

때론 무언가를 기억해야 하는 것 자체가 큰 고민입니다. 가족보다 자신의 업(業)과 관련한 날들을 잊지 않아야 하는 게 요즘 분위기입니다. 그만큼 세상이 주는 스트레스는 점점 강해지고, 변화의 속도도 눈 뜨고 코 베일 정도죠.

부활절(4월 5일)의 달로 기억되던 4월, 제게는 또 하나 기억해야 할 날이 생겼습니다. 4월 16일 세월호 참사가 일어난 그날입니다.

세월호 참사 이후 종교계는 각별한 관심을 가져왔지만 오늘은 개신교 쪽을 소개할까 합니다. 세월호 참사 구조작업이 진행됐던 전남 진도군 팽목항에서는 16일 특별한 행사가 준비돼 있습니다. 뜀길 코너를 통해 '하늘나라 우체국장'으로 소개했던 송길원 목사가 이날 1주기 추모와 함께 이스터(Easter·부활절) 트리 점등식을 개최한다고 하네요. 송 목사는 그동안 나무나 벽면에 기도 제목을 적은 계란을 걸어놓는 이스터 트리 운동을 펼쳐 왔습니다. 트리에는 희생자와 실종자 수를 합한 304개의 플라스틱 계란 모형이 사용됐고, 내부에 전구가 들어 있습니다. 송 목사는 "노란색 계란은 학생, 흰색은 성인을 상징한다"며 "트리는 희생자들을 기억하겠다는 마음을 담고 있다"고 했습니다. 이 트리는 다음 달 16일까지 팽목항을 밝힐 예정입니다.

여의도순복음교회는 제4회 안산 희망나눔 프로젝트의 일환으로 13일 오후 경기 안산시의 재래시장인 보성시장을 찾았습니다. 이영훈 목사를 포함한 신자 1000여 명이 참여했습니다. 신자들은 이 시장을 방문할 때마다 매회 6000만 원어치 이상의 물품을 구입했다고 하네요. 시름에 잠긴 안산지역 경제 활성화를 위해 작은 보탬이라도 주기 위한 노력이라는 게 교회의 설명입니다.

사람들마다 '마음의 달력'이 있습니다. 분명한 것은 그 달력에서 기억해야 할 날짜도 다르고, 심지어 같은 날짜도 같은 방식으로 기억하기는 어렵다는 겁니다.

그럼에도 가장 중요한 것은 잊지 않는다는 것 아닐까요? 자신이 서 있는 자리에서 자신의 방법으로 기억하는 것이야말로 마음의 달력을 더욱 선명하게 새기는 방법입니다.

2015. 3.

'조주끽다거'와
절집의 커피향

당나라 조주 스님(778~897)은 꽤 흥미로운 캐릭터의 선승(禪僧)입니다. 그가 남긴 일화와 화두는 중국 선종사의 한 페이지를 장식하고 있죠. '차나 마셔라' 또는 '차나 마시고 가라'쯤으로 옮겨질 '끽다거(喫茶去)'가 그렇습니다.

알려진 대로 조주 선사는 가르침을 받기 위해 온 사람에게 처음 왔냐고 물은 뒤 그렇다고 하니, "끽다거"라고 합니다. 또 다른 이가 온 적이 있다고 했더니 이번에도 "끽다거"라 하죠. 그러자 절집 살림살이를 챙기는 원주(院主) 스님이 이를 지켜보다 "왜 똑같이 말하냐"고 묻습니다.

바로 이때 나온 답이 걸작입니다. "너도 끽다거"죠. 귀찮으니 입 닥치고 차나 마시라는 의미는 아닌 것 같죠. 선종에서는 '조주끽다거'를 선 수행이 차 마시는 것처럼 늘 있는 일, 즉 다반사(茶飯事)로 이뤄져야 한다는 가르침으로 해석합니다. 그래서 스님은 차와 선을 하나로 꿰뚫은 다선일미(茶禪一味)의 선구자로 여겨지기도 합니다.

원철 스님은 해인사 승가대학장으로 법정 스님의 뒤를 잇는 불교계의 대표적인 문장가로 꼽힙니다. 스님이 새로 낸 산문집 '집으로 가는 길은 어디서라도 멀지 않다'(불광출판사)에는 커피를 소재로 한 에피소드가 등장합니다. 참선 중 졸음을 이겨내지 못한 자신에게 화가 난 달마 대사가 '세상에서 가장 무거운 눈꺼풀'을 잘라 던졌더니, 그 자리에서 차나무가 자랐다는 전설이죠. 원철 스님은 시대에 따라 제자들의 졸음 쫓는 찻잎이 커피로 바뀌었어도 이해해 달라고 하네요.

그리고 보니 올 4월 해인사를 찾았다가 원철 스님 숙소에서 커피를 한잔 마신 일도 있습니다. 전통차가 나오나 했더니 스님은 손으로 커피 가는 그라인더에 원두를 넣어 커피 한잔을 주더군요. 5년 전쯤 커피를 마시기 시작했다는 스님은 어느새 커피콩의 종류와 콩 볶는 온도, 향, 물맛에 따른 맛의 차이까지 언급하는 전문가가 됐습니다.

원철 스님에게 이런 질문도 했습니다. "법정 스님은 글 빚도 싫다며 자신의 책을 절판시켰는데 스님에게 글쓰기는 어떤 의미인가요?"

"절집도 익숙해지면 매번 비슷한 생활로 이어져 직장과 비슷한 구석이 있어요. 제게 글쓰기는 숨 쉴 구멍이죠. 드러내기 위해 글을 쓰진 않지만 사람들과 너무 멀리 있어도 문제니 세상 사람들과 적당한 거리에서 소통하는 방법이죠."

부산 범어사 석공 스님의 커피도 빠지지 않습니다. 범어사 스님들 사이에 커피 열풍을 몰고 온 분이기도 하죠. 강릉 현덕사의 현종 스님은 커피 템플스테이 프로그램까지 운영하고 있습니다.

조주 선사는 커피 맛을 알 수 없었겠죠? 하지만 커피, 녹차, 푸얼차(보이차)면 어떻습니까. 요즘 절집의 변화에 선사는 다시 '끽다거', 이러지 않았을까요.

2014. 11.

"오현스님,
불 들어갑니다"

"거화(擧火)", "큰스님 불 들어갑니다".

지난 5월 26일 입적한 신흥사 조실(祖室) 오현 스님의 법구를 안치한 장작더미에서 마침내 불길이 하늘로 치솟자 "아미타불" "불법승(佛法僧)"을 외치는 목소리가 다비장에 울려 퍼졌습니다. "아이고! 스님" 하는 오열도 터져 나왔습니다.

영원한 수행자이자 거리낌 없는 자유인의 삶을 추구하던 스님을 마지막으로 배웅하는 다비식이 30일 오후 금강산 자락의 최북단 사찰인 강원 고성군 건봉사 연화대에서 치러졌습니다. 이날 오전 강원 속초 신흥사에서 열린 영결식에는 조계종 종정 진제 스님, 원로회의 의장 세민 스님, 해인사 방장 원각 스님, 총무원장 설정 스님 등 1000여 명이 참석했습니다.

조계종의 가장 '젊은 스님'이 영원한 자유로의 여행을 떠났습니다!

시나브로 사그라지는 불꽃을 보면서 '젊은 스님' 오현이 먼저 떠오르는 것은 무슨 까닭일까요? 4년 전 스님으로부터 뜻밖의 문자를 받았습니다. "노망이 들어 무문관(無門關)에 있습니다. 금족 생활을 하기 때문에 전화 못 받습니다. 3개월 보내고 해제하면 연락드리겠습니다."

사즉생(死則生)의 의미를 담은 무문관. 당시 82세의 스님은 노망이라는 단어로 수줍음을 감춘 채 그 길을 택했습니다. 스님의 노망은 계속됐고, 해제일은 시인묵객과 도반이 모이는 축제의 자리가 됐습니다.

그로부터 한 해 뒤 스님의 동안거 해제 법문을 다른 분을 통해 귀동냥했습니다. 스님은 진리를 찾을 것을 강조하면서 애플 창업자 스티브 잡스의 "Stay foolish, Stay hungry!"를 언급했습니다. 나이에 관계없이 마음의 소리를 찾아 길을 떠나고, 남들의 좋은 것은 가슴에 꼭 담아 두는 스님은 누구보다 젊었습니다.

조계종의 가장 진솔한 스님이 떠났습니다!

2013년 부처님오신날을 앞둔 때였죠. 인터뷰를 하지 않는다는 조건으로 "밥이나 먹자"는 스님의 전화가 있었습니다. 흥이 나셨는지 2시간 반에 걸쳐 불교는 물론이고 온갖 분야에 대한 즉석법문의 상(床)이 차려졌습니다. 그런 뒤 기자의 얼굴이 딱했는지 "그래, (인터뷰) 하자, 사진도 찍자"고 했습니다.

스님의 법문은 정상에 오른 이가 산의 초입에서 얼쩡거리는 등산객에게 전하는 것처럼 귀에 쏙 들어옵니다. 그 솔직한 문답은 가도 가도 목적지가 나오지 않는 '바로 저기'라는 식의 훈수가 아님을 확신하게 만들었습니다.

— 불교가 어렵다는 이가 많습니다.

"부처님 법문은 우리 속담에 다 있어. 내가 보기에 팔만대장경을 몇 마디로 요약하면 '남의 눈에서 눈물 나게 하지 마라' '사람 차별하지 마라' 이거 아니겠나. 얼마나 훌륭한 말이야. 이렇게 살면 세상 잘 돌아간다. 경전 밤낮 달달 외워서 얻어지는 게 깨달음이라면 천지에 깨달은 자들이야. 그럼 세상이 이 꼴이겠나?"

조계종의 평등한 눈의 스님이 떠났습니다!

일각에서는 정치판에 빗대어 스님을 '강원도의 맹주'라고 합니다. 한때 사회적으로 큰 물의를 일으킨 신흥사를 제대로 된 절집으로 다시 세우려면 적지 않은 정치력과 힘이 필요했으니까요. 하지만 그 힘은 철저하게 공적인 가치를 위한 것이었고, 스님 스스로는 유력 인사뿐 아니라 마을 주민 한 사람 한 사람을 챙기는 평등한 눈의 소유자였습니다.

스님은 입적 전 만해마을 심우장에서 남긴 메모 형식의 유언장에서 "내가 죽으면 시체는 가까운 병원에 기증하고 병원에서 받지 않으면 화장해서 흩뿌려라"라고 당부했다고 합니다. "장례는 용대리 주민장으로 끝내고 비용은 전액 신흥사, 낙산사, 백담사에서 부담하라" "염불도 하지 말고 제사도 지내지 말라"는 내용도 있습니다.

공교롭습니다. 스님이 대자유의 여행을 떠난 요즘 한국 불교를 대표하는 조계종은 누란의 위기에 빠졌습니다. 성폭력과 도박, 폭력, 은처자 등 사회에서도 지탄받아 마땅한 의혹들이 종단의 큰스님들을 향하고 있습니다. 옥석을 가려야 하고, 침소봉대가 있을 수 있지만 의혹의 꼬리만으로도 심각한 상황이 아닐 수 없습니다.

　스님의 모든 것을 내려놓은 방하착(放下着)이 얼마나 힘들고 큰 것인지 새삼 느낍니다. 스님의 노망이 그립습니다. 용케 마지막 기운을 내는 불꽃을 보면서 스님의 '내가 죽어보는 날'을 읊조려 봅니다.

부음을 받는 날은

내가 죽어보는 날이다

널 하나 짜서 그 속에 들어가 눈을 감고 죽은 이를

잠시 생각하다가

이날 평생 걸어왔던 그 길을

돌아보고 그 길에서 만났던 그 많은 사람

그 길에서 헤어졌던 그 많은 사람

나에게 돌을 던지는 사람

나에게 꽃을 던지는 사람

아직도 나를 따라다니는 사람

아직도 내 마음을 붙잡고 있는 사람

그 많은 얼굴들을 바라보다가

화장장 아궁이와 푸른 연기,

뼛가루도 뿌려본다

—고성 건봉사에서

2018. 5.

오현 스님의
노망?

"노망이 들어 무문관에 있습니다. 금족 생활을 하기 때문에 전화 못 받습니다. 3개월 보내고 해제하면 연락드리겠습니다."

얼마 전 설악산 신흥사의 큰어른인 조실(祖室) 오현 스님으로부터 날아온 휴대전화 문자입니다. 아마 지인들에게 같이 보낸 것으로 보입니다. 갑자기 머릿속에서 뭉게뭉게 피어오르던 잡념의 구름을 한꺼번에 물리치는 바람 한 줄기를 맞은 듯했습니다.

무문관(無門關)은 중국 남송의 선승 무문 혜개가 지은 책 '선종무문관'의 약칭입니다. '조주와 개'로 시작해 선종의 대표적인 48가지 화두를 해설하고 있습니다. 나중에는 바깥으로 문을 걸어 잠그고 깨달을 때까지 나가지 않겠다는 절치부심의 수행 공간이라는 의미도 담게 됩니다.

여든을 넘긴 나이에 무문관이라, '와' 하는 탄성이 절로 나왔습니다. 허나, 세상의 관습이나 시시비비에 구애받지 않아 온 스님의 행보와는 잘 어울리지 않는다는 생각도 들더군요.

2년 전 스님의 동안거 해제 법문은 그야말로 촌철(寸鐵)이었죠. "지금까지 2000년간 팔만대장경에 빠져 죽은 중생이 얼마고 1000년 전 조주와 황벽(선사) 같은 늙은이들의 넋두리에 코가 꿰인 이들이 얼마냐. 해인사 팔만대장경은 골동품이고 문화재이지 진리가 아니다." 스님은 이어 "여러분이 오늘 산문을 나가 만나는 사람들과 노숙자들의 가슴 아픈 삶 속에서 진리를 찾아라"라고 일갈했죠.

다른 누군가 이렇게 말했다면 큰 사건이 벌어졌겠죠. 하지만 오현 스님이기에 세상은 "오현 스님답다"고 했습니다.

시조시인이자 문화예술계의 후원자로 널리 알려진 스님은 지난해 평생 심혈을 기울인 만해마을을 동국대에 통째로 기증했습니다. "집(만해마을)을 짓기는 했는데 어디에 갖다 버릴까 고민하다 동국대 기증을 결심했다"는 게 그 소감이었죠.

　지난해 부처님오신날 인터뷰에서 제 딴에 꽤 껄끄러운 질문을 던진 기억도 납니다. 단도직입 '깨달았냐'고 묻자 스님은 씩 웃으며 '잘 써라. 안 그러면 시끄럽다'며 이렇게 대꾸했습니다. "나는 가짜 중이야. 서부영화 보면 카우보이가 황금을 평생 찾다 결국 못 찾고 죽잖아. 깨달음이란 게 그런 것 아닐까. 내가 이 세상에서 가장 기쁘고 좋은 날은 죽는 날이야."

　전, 어쩐지 동안거 무렵마다 나오는 자료의 '수행' '용맹정진'이라는 단어보다는 '노망이 들어'라는 표현이 훨씬 마음에 꽂히네요. 사사로움이 없는 공심(空心)과 자신을 낮추는 하심(下心)이야말로 요즘 바람 잘 날 없는 종교계에 필요한 것 아닐까 합니다.

　동안거 해제 뒤, 또 다른 문자를 기다려 봅니다.

2014. 12.

"항상 진리에 배고파해라. 좀 (주변에) 이상하게 보여도 괜찮다."

동안거 해제일인 4일 설악산 신흥사 조실인 오현 스님이 백담사 법문에서 한 말입니다. 이날 백담사 무금선원에서 3개월여 참선과 묵언 속의 정진을 마친 스님들은 세상 밖으로 나왔습니다.

휴대전화에 '노망이 들어 무문관(無門關)에 있다'는 문자를 남긴 오현 스님의 사연을 '뜸길'에 소개한 적이 있습니다. 82세의 스님 역시 이 선원에서 다른 수행자들처럼 하루 한 끼만 먹으며 동안거를 지냈습니다.

오현 스님과 전화 연결이 되지 않아 해제 법문을 들은 다른 분께 귀동냥을 했습니다. 스님은 진리를 찾을 것을 거듭 강조하면서 애플 창업자 스티브 잡스의 "Stay foolish, Stay hungry!"와 영화 '이미테이션 게임'으로 올해 아카데미 각색상을 받은 그레이엄 무어의 수상 소감 "Stay weird, Stay different!"를 언급했다고 하네요. 스님에게 장학금을 받아온 한 학생이 노망에 대한 글을 보고 걱정의 마음과 바깥소식을 담아 보낸 편지가 법문에 반영됐다고 합니다.

또 오현 스님은 "스님들 말이 교황님, 시나리오 작가의 아카데미상 수상소감처럼 감동을 주지 못하는 현실이 참으로 안타깝다"며 자책했다고 합니다.

같은 날 전남 장성 백양사에서는 방장 지선 스님의 법문이 있었습니다. 지선 스님은 1980년 5·18민주화운동 이후 2000년대 초반까지 종단 개혁과 사회 운동에 전념했습니다. 이후 갑작스럽게 운둔에 들어간 뒤 수행에 전념했습니다. 지난해 스님은 고불총림(백양사) 방장으로 취임했는데, 이른바 '운동권 스님'이 방장이 된 것은 처음입니다.

"득지본유(得持本有)라, 내가 얻은 것은 근본적으로 있던 것이 아니다. 돈도 내 것이 아니다. 영원히 내 것이 아니다." 스님은 돈과 물질 위주의 사회를 이렇게 비판했습니다.

스님의 법문 중 특히 마음에 다가왔던 대목은 이렇습니다. "나는 범부(凡夫)다. …여전히 갈등한다." "지금은 나도 70세가 되어 여우로 변했다. 예전에는 불의를 보면 막 뛰어나갔지만 용기가 부족해졌다."

법문(法門)은 중생들이 불법의 세계로 들어가는 데 지침이 되는 스승의 가르침입니다. 통상 어른 스님들의 말씀을 가리키죠.

스님들의 말이 과거처럼 감동을 주지 못해 아쉽다는 오현 스님의 말을 곰곰 씹어봅니다. 저는 적어도, 두 스님의 법문에는 무릎을 치며 고개를 끄덕였습니다. 팔순이 넘은 나이에 무문관 수행에 이어 스티브 잡스와 아카데미상 연설을 꺼내는 그 사고의 자유로움에 두 손을 들었습니다.

만약 지선 스님이 과거 이미지가 연장되는 말만 했다면 그 울림은 크지 않았을 겁니다. 하지만 방장인 스님이 '나는 범부' '여우로 변했다'며 자신을 낮추는 하심(下心)에 거꾸로 세월과 내공의 깊이를 느끼게 됩니다.

불교 행사에서 스님들의 말씀을 듣게 되는데 중국 선승에 얽힌 일화와 어려운 화두로 끝나기 십상입니다. 시간과 장소는 달라지지만 틀에 박힌 같은 그림의 재방송이 많습니다.

　마음을 움직이는 법문의 첫 조건은 그분 삶 자체이고, 그 다음은 격의 없는 하심, 마지막으로 시대의 눈높이에 맞는 주제와 언어 아닐까요.

2015. 3.

아들신부님에게 건낸
老母의 아기저고리

며칠 전 종교계 소식을 찾다 한 어머니의 편지에 얽힌 얘기를 접했습니다.

11일 94세를 일기로 선종(善終·별세)한 이춘선 씨의 사연입니다. 슬하의 7남 1녀 중 아들 넷이 사제가 됐고, 유일한 딸도 수녀로 수도자의 길을 걷고 있습니다. 교계에 따르면 한국 가톨릭 최초의 4형제 신부죠.

20년 전, 막 사제품을 받고 강원 홍천본당으로 떠나는 막내 아들 오세민 신부(속초 청호동 성당 주임신부)는 어머니로부터 작은 보따리를 받았답니다. 어려운 일이 있을 때 풀어보라는 당부와 함께.

"사랑하는 막내 신부님! 당신은 원래 이렇게 작은 사람이었음을 기억하십시오." 보따리에는 삐뚤빼뚤한 글씨로 쓴 편지와 오 신부가 백일과 세 살 때 입었던 저고리가 들어 있었습니다. 작은 저고리들은 성직자의 권위가 아니라 자신이 이처럼 작은 존재였음을 기억하고 살아달라는 당부였습니다.

그 어머니는 생전 자녀들에게 수백 통의 편지를 썼다고 합니다. 또 장례미사에 참석한 신자들이 너무 슬퍼하지 않도록 두 번 웃겨 드리라는 당부를 남겼답니다. 그래서 오 신부는 미사 중 갑자기 선글라스를 껴 참석자들에게 잠깐의 웃음을 줬다고 하네요.

기자 입장에서 네 신부를 만나 어머니의 삶과 자녀들의 신앙에 얽힌 사연을 전하고 싶었습니다. 장례미사에서 한 번도 아니고 두 번 웃겨 달라는 이유도 몹시 궁금했습니다. 한 차례 인터뷰 요청을 거절당한 뒤 26일 오전 오 신부와 통화했지만 "이미 알 만한 분들은 아는 이야기"라며 역시 어렵다는 답만 들었습니다.

저는 답을 들을 수 없었던 그 웃음의 의미에 대해 고민하기 시작했습니다. 우선 오 신부의 어머니에게 죽음은 비종교인들이 느끼는 그것과는 다를 듯합니다. 그분은 선종 전 자녀들과 많은 시간을 보냈고, 장례미사에 쓸 성가를 직접 고르기도 했답니다. 독실했던 신앙인에게 아들 넷을 신부의 길로 이끈 현실은 행복한 세계였고, 내세 역시 두려움 없는 삶 아니었을까요? 그러기에 장례하면 떠오르는 슬픔과 눈물보다는 웃음꽃으로 자신의 장례미사를 채우고 싶었으리라 추측합니다. 또 평소 '아들 신부님'들에게 낮추는 삶을 강조한 것을 보면 참석자들을 위한 배려도 깔려 있을 것 같습니다.

저를 포함한 보통 사람들은 유한한 존재이기에 하루하루 죽음 속으로 다가서면서도 그 단어를 잊은 듯 살아갑니다. 그러다 갑자기 닥쳐온 불행이나 가까운 이들의 마지막 순간을 보면서 이를 실감합니다.

막내 신부님! 떠나면서도 웃음을 주고 간 어머니의 삶이 부럽습니다. 그리고 웃음 두 번의 비밀도 여전히 궁금합니다.

2015. 3.

잊지 말아야 할 또 한 명의 바보, 장기려 박사

2009년 선종(善終)한 김수환 추기경은 '바보'로 세상에 널리 알려졌던 분입니다. 바보를 자처하며 그린 추기경의 자화상은 화제가 됐고, 선종 뒤 설립된 재단의 이름도 '바보의 나눔'으로 정해졌습니다.

세월이 흘러 잊히고 있지만 김 추기경에 앞선 '원조 바보'가 있습니다.

"바보라는 말을 들으면 그 삶은 성공한 삶입니다." 12월 25일 20주기를 맞는 장기려 박사(1911~1995)의 말입니다. 그의 삶을 조명한 특집 다큐멘터리 방영을 알리는 CTS 기독교TV의 자료가 그 기억을 되살렸습니다. 6월에는 부산에서 '장기려로'라는 도로가 개통되기도 했습니다. 고신대복음병원 부근의 800여 m 구간입니다.

평안북도 용천이 고향인 그는 1932년 경성의전(서울대 의대의 전신)을 졸업한 뒤 간 분야의 외과의로 화려한 경력과 명성을 쌓았습니다. 그는 경성의전부속병원 근무 시절 척추결핵으로 입원했던 춘원 이광수의 주치의를 맡았는데, 나중에 춘원의 소설 '사랑'의 주인공인 의사 안빈의 실존 모델이 된 것으로 알려져 있습니다.

그가 바보로 불린 것은 뇌경색으로 반신이 마비될 때까지도 가난한 환자들을 도왔고, 자신을 위해서는 집 한 칸도 허락하지 않았기 때문입니다. 집은커녕 세간조차 변변한 게 없었고, 누군가가 선물한 TV도 도둑맞았다는 일화도 전해집니다.

결혼해 3남 3녀를 두었지만 6·25전쟁 중 아들 한 명만 데리고 남쪽으로 내려온 그는 1951년 부산에서 무료 진료기관인 복음병원을 설립합니다. 1976년까지 25년간 원장으로 있으면서 1968년에는 청십자의료보험조합을 발족시킵니다. 경제적으로 어려운 분들이 일정한 비용을 내면 진료가 가능한 의료보험의 원형이죠. 1979년 막사이사이 사회봉사상을 수

상합니다.

이 다큐는 '끝나지 않은 사랑의 기적, 장기려'라는 제목으로 또 다른 바보들의 삶도 다룬다고 하네요. 장 박사의 삶을 좇아 국내외 오지에서 의료선교 중인 '블루크로스 의료봉사단'과 9년째 아마존 밀림을 찾아가 인술을 베풀고 있는 고신대 복음병원 의료진입니다.

장기려기념사업회 이사장을 맡고 있는 손봉호 고신대 석좌교수의 전언입니다. "생전에 뵐 기회가 있었는데 순수, 순진, 순박이라는 단어가 절로 떠오르게 하는 분이었죠. 평생 혼자 살면서 북에 있는 부인과 아이들에 대한 그리움이 컸습니다. 1980년대 미국에 거주하는 제자 주선으로 중국에서 부인을 만날 기회가 있었는데 그걸 거절했다고 합니다. '다른 이산가족에게 미안해서 안 된다'는 게 이유였다고 합니다."

장기려 박사님, 정말 바보 맞죠? 그런 바보들이 넘치는 세상을 기대해 봅니다.

2015. 10.

'저승사자'도 어쩔 수 없었던 모양입니다. '셀프 후원'과 외유성 해외출장에 대한 중앙선거관리위원회 해석이 나오자 버티던 김기식 금융감독원장은 마침내 돌을 던졌습니다. 2일 취임 이후 16일 사의 표명까지 저승사자의 보름천하입니다.

그는 문제가 터지자 사과보다는 "사실과 다르다" "국민 눈높이에 맞추지 못해 죄송하지만 불법은 아니다"는 주장을 줄곧 펼쳤습니다. 청와대는 '너희는 깨끗하냐'는 식의 관행과 반(反)개혁세력의 음모론까지 흘리며 선관위에 공을 넘겼습니다. 결국 선관위 판단에 따르겠다는 문재인 대통령의 말대로

17일 그의 사표가 수리됐습니다.

　정서적으로 더 큰 파장과 함께 글로벌 뉴스로 부각된 것은 조현민 대한항공 전무의 '물벼락' 갑질 의혹입니다. 조 전무는 이 사건이 수면 위로 올라오자 16일 자신의 소셜네트워크 서비스(SNS) 계정을 통해 "어리석고 경솔한 행동에 대해 고개 숙여 사과드린다. 당시 사과했지만 이미 엎질러진 물이었다"고 했습니다. 하지만 관련 제보들이 이어지고 대한항공의 국적기 자격을 박탈해야 한다는 청원까지 등장했습니다.

　2016년 국내 출간된 '공개 사과의 기술'은 물의를 일으킨 유명인들의 반쪽짜리 사과, 진정성 없는 '유감 사과'와 맞물려 화제가 됐던 책이죠. 미국 서던오리건대 교수인 저자 에드윈 L 바티스텔라는 언어학자로 언어학에 사회, 심리, 문화적 배경 등을 종합해 설득력 있는 사과론을 펼칩니다. 그의 주장에 따르면 제대로 된 사과의 핵심은 진정성과 이를 담아내는 과정입니다. •사과하는 이의 미안한 감정을 전달 •특정한 규칙 위반을 인정하고 그에 따른 비판을 수용할 것 •잘못된 행위의 명시적 인정과 자책을 분명하게 표시 •앞으로 바른 행동을 하겠다고 약속 •일정한 보상 혹은 대안 제시 등이 포함됩니다.

프란치스코 교황은 지구상에서 가장 사과하기 어려운 인물일지 모릅니다. 오랜 논쟁 끝에 제1차 바티칸공의회는 교황이 신앙 및 도덕에 관하여 내린 정식 결정은 하느님의 특별한 은총으로 오류가 있을 수 없다는 무류성(無謬性)을 인정했으니까요.

그럼에도 그는 역사 속에서 가장 자주 고개를 숙이는 교황임이 분명합니다. 특정 사안에 대한 발언이라 무류성까지 꺼낼 필요는 없겠지만 칠레 성직자의 아동 성추행 추문과 관련한 사과는 대표적 사례입니다.

교황은 올해 1월 칠레를 방문했을 때 성추행 은폐 의혹을 받는 바로스 주교를 옹호하는 발언으로 거센 반발을 샀습니다. 당시 교황은 "증거를 갖고 오면 이 문제에 관해 이야기할 것"이라며 "단 하나의 증거도 없고 모든 것이 중상모략"이라고까지 했습니다.

하지만 교황은 비판이 일자 귀국 비행기에서 "학대받은 많은 사람에게 상처를 준 것에 대해 사과한다"라며 "그들을 아프게 한 것에 용서를 구한다"고 일차적으로 사과했습니다. 2월에는 교황청 고위관리를 칠레로 보내 성추행 은폐 의혹을 조사하게 했습니다.

사실 여기까지는 예상할 수 있지만 최근 발표된 교황의 추가 사과는 훨씬 강도가 셉니다. 외신보도에 따르면 교황은 공개편지를 통해 "진실하고 균형 잡힌 정보가 부족해 상황을 판단하고 인식하는 데 중대한 오류를 범했다"고 밝혔습니다.

이번 사과에서는 교황이 '사과의 최고수'임을 보여주는 특징들이 드러납니다. 그가 전략적인 셈법 속에 사과의 테크닉을 쓰고 있다는 의미는 아닙니다.

첫째, 말과 행동을 통해 자연스럽게 드러나는 진정성입니다. 교황은 이 서한에서 "영혼의 상처를 용기 있게 견뎌내며 피해를 증언해준 64명에게 감사한다", "2300여 쪽에 달하는 조사단 서류를 읽으며 나는 고통과 부끄러움을 느꼈다"고 했습니다. 64명, 2300여 쪽 등 구체적 숫자와 함께 "수 주 내로 그들을 직접 만나 용서를 청하고 싶다"는 언급이야말로 공감할 수 있는 사과로 여겨지고 있습니다. 둘째, 빠른 타이밍입니다. 1월 논란과 사과, 2월 조사에 이번 사과까지 바티칸의 오랜 수치로 여겨져 온 아동 성추행이란 이슈의 파장을 감안할 때 빠른 타이밍이라는 게 교계의 반응입니다. 교황은 빠른 사과를 통해 이 문제에 대해 소극적이지 않다는 확고한 인상을 주고 있습니다.

마지막으로 시기와 진정성에서 "이 정도면 되겠지"라는 세상의 예측을 뛰어넘는 파격입니다. 교황들이 잘 쓰지 않는다는 오류라는 표현을 쓴 것도 그렇습니다.

반쪽 아닌 '온전한 사과'의 핵심은 진정성과 과정에 있습니다. 권력이 커질수록, 또는 지지율이 높을수록 사과에 인색하다는 것은 저만의 생각일까요?

2018. 4.

산타 프란치스코의 선물

크리스마스가 가까워지는 이 무렵 가장 인기 있는 '인물'은 바로 산타클로스입니다. 주소와 행적 등 그를 둘러싼 미스터리는 많지만 그중에서도 고개를 갸웃거리게 만드는 것은 굴뚝과 어울리지 않는 몸매입니다. 분명, 홀쭉한 산타보다는 넉넉한 산타가 자연스럽죠. 그렇지만 그 몸매로 어떻게 굴뚝을 통과하나, 이런 생각이죠.

현실 세계에서 산타클로스에 가장 가까운 인물은 프란치스코 교황 아닐까요. 외신을 보니 교황이 자신이 받은 선물 일부를 경품으로 내놨다고 하네요. 경품 응모권을 팔아 가난한 이웃을 돕기 위해서랍니다.

교황은 해외 방문 때는 물론이고 바티칸을 찾는 이들로부터 특별한 선물을 받곤 합니다. 이번 경품 중 1등 상품은 피아트의 '판다 4×4' 자동차라네요. 경주용 오토바이, 파나마 모자, 에스프레소 커피 기계 등 30여 가지 선물이 목록에 올랐다고 합니다. 응모권은 바티칸 성 베드로 광장에 있는 바티칸 우체국에서만 살 수 있다고 합니다. 한 장에 10유로(약 1만 4000원)이고 경품 추첨은 내년 1월 8일에 할 예정이랍니다.

국내 가톨릭계에도 선물에 얽힌 사연들이 있습니다. 정진석 추기경은 6일 자신의 영명축일(세례명으로 택한 수호성인의 축일) 행사 때 신학생 300여 명에게 새로 출간한 저서 '정진석 추기경의 행복수업'을 선물했습니다. 정 추기경은 매년 책 한 권씩을 내겠다는 부제(副祭) 시절의 약속을 지금까지 지키고 있고 2012년부터는 책을 신학생들에게 선물하고 있습니다.

가톨릭출판사 사장인 홍성학 신부는 '책 산타클로스'가 됐습니다. 최근 출간한 안셀름 그륀 신부의 '결정이 두려운 나에게' 3200권을 청년들에게 나눠주기로 한 거죠. 15~20일 서울 명동대성당과 가톨릭회관, 서울성모병원 내 출판사 서점에 신분증(1979~1996년생)을 가져가면 책을 무료로 받을 수 있습니다.

옻칠 공예작가로 잘 알려진 원주교구 김태원 신부도 빠질 수 없습니다. 그는 80여 년 된 옻나무에서 추출한 생칠과 느티나무 목기, 일본 교토산 금분(金粉), 입자가 고운 진흙을 어렵게 구해 올여름부터 4개월간 매일같이 사포로 갈고 손질해 미사 때 사용할 옻칠 성작(聖爵)과 성반(聖盤)을 만들었습니다. 옻칠을 해두면 습기가 들어가지 못해 수천 년이 돼도 변형되지 않는다는 이 작품은 5일 교구 사제·부제 서품식 뒤 본당 출신 박양업 부제의 손에 건네졌습니다.

그리고 보니 저도 지면에 소개했던 전북 남원의 '짜장 스님'(운천 스님)으로부터 선물을 받았네요. 몇 차례 사양하다 "돼지감자로 손수 만든 국우차이고, 마음"이라고 말해 거절하지 못했습니다. 성인병에 좋다는 말에 부서에서 인기였습니다.

12월은 그동안 표현하지 못한 마음을 담아낼 수 있는 마지막 기회의 시기이기도 합니다. 이참에 누군가의 산타클로스가 돼 보시면 어떨까요.

2014. 12.

교황의 행보가
'할리우드 액션'일까요?

#14일 프란치스코 교황과 천주교 주교단과의 만남이 있던 서울 광진구 주교회의. A3 용지 크기의 방명록에 남긴 교황의 '깨알 서명'이 화제가 됐습니다. 한 직원이 동전과 자를 옆에 놓고 사진을 찍었는데 2cm 남짓, 100원짜리 동전 지름과 비슷한 길이였죠. 또 다른 직원은 "연예인이나 유명인과 달리 번쩍하는 후광, '아우라'가 안 느껴졌다"며 "낯선 사람이 아니라 이 건물에서 오래 함께 있던 분 같았다"고 전합니다.

#꽃동네에서 교황을 만난 청주교구 이현로 신부의 경험도 있습니다. "교황께서 장애인들을 계속 축복하며 포옹했는데, 마지막에는 교황께서 아이들을 안는 게 아니라 아이들에게 푹 안기는 느낌이었죠."

18일 출국한 교황이 사람들과 눈높이를 맞추고, 다가서 손을 잡고, 경청하며 고개를 끄덕이는 모습은 화제를 넘어 충격이 됐습니다.

궁금증이 생깁니다. 불경하게 들리겠지만 교황의 행보가 지나치게 과장됐다는 의미의 '할리우드 액션'일까요? 축구에서는 이럴 경우 심판을 속여 페널티킥을 얻으려는 것으로 판단되면 옐로카드를 받을 수도 있죠.

교황의 20년 지기로 최근 만난 아르헨티나 문한림 주교의 증언입니다. "교황은 이전 추기경 시절과 달라진 게 없어요. 20대부터 빈민가를 찾은 교황은 항상 지금과 같은 방식으로 사람들을 만났습니다. 불가사의한 것은 그 바쁜 시간에도 틈을 내 전화를 걸거나 직접 쓴 편지로 답한다는 겁니다."

단 하나, 달라진 점도 있답니다. 그것은 웃음입니다. 문 주교는 "추기경 시절 저렇게 환하게 웃는 걸 본 적이 없다"며 "은퇴하려고 양로원 방까지 정해놓고 콘클라베 갔는데 갑자기 '오너(하느님)가 회사 대신 맡아라', 이러니 안 웃을 수 있겠나. 새 직분이 준 새로운 축복일 수도 있다"고 합니다.

할리우드 액션 여부는 교황이 그동안 삶에서 보여준 선의와 오랜 시간의 진정성이 있기에 무죄 아닐까요? 혹자는 가타

부타 없이 경청해 "서로 내 편"으로 느끼도록 하는 교황의 행보를 가톨릭의 오랜 노하우로 분석하기도 합니다.

무엇이든 좋습니다. 우리 사회는 순간의 위기를 모면하거나 목표를 얻기 위한 할리우드 액션이 넘쳐납니다. 한마디로 수(手)가 뻔히 보여 콩으로 메주를 쑨다고 해도 고개를 젓게 됩니다. 프란치스코 교황 같은 고수(高手)의 출현을 기다립니다.

2014. 8.

"터놓고 얘기합시다"
교황은 토론 애호가

19일 바티칸 교황청에서 막을 내린 세계주교대의원회의(주교 시노드)는 동성애자에 대해 교회 공동체의 환대가 필요하다는 예비보고서(초안)를 공개해 지구촌 차원의 화제와 논란을 불러일으켰습니다.

알려진 대로 초안의 이 항목과, 이혼 후 재혼한 신자들에 대한 영성체 허용과 관련한 두 항목은 찬반 투표에서 3분의 2를 얻지 못해 빠졌습니다.

큰 이슈에 묻혀 가려져 있지만 교계에서 주목하고 있는 것은 '프란치스코식 열린 토론'의 성과입니다. 과거에는 교황청 관리들이 동성애 등 민감한 현안에 대해서는 언급을 자제해 달라고 주문했다는 후문입니다.

이번 시노드는 넓은 개방성과 활발한 토론이라는 면에서 상당한 성과를 거뒀다는 평가를 받습니다. 가톨릭교회의 분열로 외부에 비칠 만큼 격렬한 논쟁이 있었지만 이런 갈등의 표출 자체가 현 교황이 이끄는 '베드로'호의 가장 큰 변화라는 거죠.

교황과 고위 성직자들이 청중으로 참여한 특강도 프란치스코 스타일의 한 단면을 보여줍니다. 시노드 초반 초청된 호주 부부는 성생활의 즐거움을 말하면서 55년간 건강하게 유지된 결혼생활의 비결이 성적 매력이라는 '노하우'를 전수했죠. 가톨릭 내부의 전통주의자라면 강의 자체를 동성애 논쟁을 앞둔 교황의 '노림수'로 여겨 거부감을 느낄 수도 있었겠죠. 하지만 외부에서는 이 강의를 경청하는 고위 성직자들의 모습이 완고한 교황청의 변화를 단적으로 보여주는 사례로 여겨졌습니다. 나이 든 독신 성직자들이 세상 속 평범한 가정의 목소리에 귀를 기울이고 있구나 하는 거죠.

교황은 시노드에서도 권위를 앞세운 지시보다는 솔직한 대화를 계속 주문했습니다. 시노드가 끝난 뒤 "만약 모든 것이 합의되거나 또는 조용하기만 한 평화 속에 침묵만 있었다면 참으로 슬픈 일이었을 것”이라고 했습니다.

교황은 라틴아메리카 주교단으로 활동할 당시부터 열정적 설득보다는 모두가 말할 수 있는 열린 토론을 선호한 것으로 알려져 있습니다. 혹자는 교황이 솔직한 대화를 원하는 수준이 거의 '강요'로 느껴질 정도라고 하네요.

시노드 참석자들의 기립박수를 받은 교황은 “교회의 문은, 정의로운 사람들이 아니라 고통받는 사람들을 위해 활짝 열려 있다”고 했습니다. 이 말의 주체를 청와대나 국회와 정당, 기업과 관청, 교회와 사찰로 바꿔 보면 어떨까요. 그리고 그 문의 열쇠를 쥐고 있는 사람은 바로 최고 책임자 아닐까요.

2014. 10.

"'가족끼리 왜 이래'라는 드라마가 있어요. 뻔한 드라마 같지만 뭔가 가족의 얘기를 짚어내는 게 있어요." "그래도 '막장'은 좀 곤란하지 않을까요."

내용상 흔히 들을 수 있는 드라마 얘기입니다. 그렇지만 대화의 주인공이 가톨릭 수도자인 수사와 수녀라면 궁금해집니다.

다시 대화는 이어집니다.

"저작권 때문에 노래를 마음대로 못 써 안타까워요."(김젬마 수녀) "애국가는 될 거예요. 하하."(황인수 수사) "저 노래 실력 괜찮은데…. 방송 위해서라면 노래도 할 수 있는데…."(김 수녀)

27일 서울 강북구 성바오로딸수도회. 이곳에서 25일 인터넷 팟캐스트 '수도원 책방'(www.podbbang.com/ch/8788)을 시작한 두 분을 만났습니다. 종교 관련 팟캐스트가 적지 않지만 수녀와 수사가 함께 진행을 맡은 것은 처음이라네요.

'수도원 책방'은 10일 단위로 30, 40분 분량을 업로드해 종교 안팎의 다양한 책과 음악, 영화를 비롯한 문화 정보를 안내할 예정입니다. 성바오로수도회 소속인 황 수사는 로마에서 교부학을 전공했고 성바오로출판사 편집장을 지냈습니다. 김 수녀는 같은 바오로가족에 속하는 성바오로딸수도회 소속으로 그동안 온, 오프라인 서점을 관리해왔습니다.

하지만 선입견 때문인지 수도회에 소속된 두 분이 방송을 진행한다는 것 자체가 낯설어 그 사연을 물었습니다. 바오로 성인에 대한 얘기가 빠질 수 없더군요. 지난해 창립 100주년을 맞은 바오로수도회는 기독교 최대의 전도자였고 최대의 신학자로 꼽히는 바오로의 삶을 추구하고 있습니다. 바오로는 2만 km에 이르는 선교여행과 신약성서 27개의 문서 중 13편에 달하는 서신서를 남길 정도로 왕성한 활동가였습니다.

황 수사는 "지금 바오로가 살아 있다면 무슨 일을 할까"라는 독일 케텔러 주교의 말을 빌려 설명을 보탰습니다. 그는

"당시 최첨단 미디어는 문서였고, 요즘은 방송 아니냐"며 "바오로가 지금 살아있다면 방송을 통해 선교에 나섰을 것"이라고 하네요.

김젬마 수녀의 말을 듣자 드라마 '가족끼리 왜 이래'가 대화에 등장한 이유를 알 수 있었습니다. "수녀가 되면 신문이나 TV와 담쌓고 지낼 줄 알았는데 완전히 착각이었어요. 바오로 성인의 영성에 따라 미디어 선교를 위해 신문과 책, 음반과 더 가까워졌어요. 주말에는 1시간씩 같이 모여 뉴스나 드라마도 본답니다."

그럼, 수사님들은 최근 어떤 프로를 봤을까요. 황 수사는 "저희야 축구죠"라고 하네요.

요즘 자극적인 팟캐스트 천국입니다. 두 분의 '무공해' 수도원 책방에 한번 들르면 어떨까 합니다.

2015. 1.

네팔로 가는 짜장스님–
철인스님

"여진 위험이 있다지만 여기 앉아만 있을 순 없죠. 부처님 탄생지에서 지진으로 큰 고통을 받고 있는데 어떻게 두려워할 수만 있겠습니까."

불우한 이웃을 위해 짜장면 20만 그릇 이상을 보시해 '짜장 스님'으로 불리는 운천 스님이 다음 달 1일 네팔로 향한다고 합니다. 자신의 마라톤 과정을 소셜네트워크서비스(SNS)에 올리고 'km당 100원'의 후원금을 모아 이주노동자를 도와온 '철인 스님' 진오 스님이 동행입니다.

한 주 전 운천 스님으로부터 전화가 왔습니다. 자신의 재주야 짜장면 만드는 것밖에 없으니 배고픔에 시달리는 네팔 사람들에게 직접 짜장면을 만들어 주고 싶다는 것이었죠. 그리고 재료비가 빠듯한데 무게가 수십 kg이나 되는 무쇠솥 같은 장비들을 가져가기 어렵다는 하소연이었습니다. 항공기를 이용한 장비 수송은 결국 성사되지 않았습니다. 조리도구가 마땅치 않고, 현지 식수 사정도 어려워 스님의 메뉴는 물이 많이 필요한 짜장면 대신 짜장밥으로 바뀌게 됐습니다.

대한불교조계종 군종교구장이자 구룡사 회주인 정우 스님의 말도 떠오르네요. 지난달 이른 아침 만난 스님은 차 한잔을 건네며 현지에서 노숙하는 티베트 스님들의 사진을 보여주더군요. 이메일로 전해진 사진이었습니다. 스님이 현지 학교를 지원할 때 만나 손을 잡아주던 아이들과 네팔 사람들에 얽힌 사연도 이어졌습니다.

같은 일도 사람들의 처지에 따라 그 파장은 달라집니다. 수십 번 네팔을 찾은 정우 스님의 마음이 펜으로 그린 세밀화라면 TV로 현지 상황을 접한 제 것은 추상화일지도 모릅니다.

알려진 것처럼 네팔에는 힌두교도가 많지만 부처의 탄생지룸비니도 있습니다. 자연스럽게 불교와 기독교계의 심리적 유대감도 다를 수밖에 없습니다. 하지만 불교뿐 아니라 개신교와 가톨릭도 다양한 경로를 통해 피해 구조를 돕고 성금을 모으고 있습니다. 제가 받은 여러 메일에는 개신교 단체뿐 아니라 개별 교회에서 진행된 모금 현황과 현지 활동에 관한 내용을 담은 것도 적지 않았습니다.

이렇게 네팔 구호 활동에 나선 각 종교계의 움직임을 보면 모처럼 남의 아픔을 자신의 것으로 여기는 종교의 존재의 이유를 느끼게 됩니다. '천지여아동근 만물여아일체(天地與我同根 萬物與我一體).' 하늘과 땅이 나와 더불어 한 뿌리이고, 만물이 나와 더불어 한 몸이라고 합니다.

인류는 때로 국가와 민족, 이념과 종교, 피부와 언어 등 다양한 이유의 '다르다'는 구실을 내세워 서로를 배척해 왔습니다. 그 결과는 참혹했고, 아직도 현재형의 갈등이 지구촌 곳곳에서 벌어지고 있습니다.

거창한 논리가 아니더라도 20일 라디오에서 흘러나온 산악인 엄홍길 씨의 말도 가슴에 와 닿습니다. 히말라야에 있는 8000m 이상의 16개 봉우리를 모두 오른 그는 네팔에 학교를 건립하고 있습니다. 네팔에서 구조 활동을 벌이다 막 귀국한 그는 곧 우기가 시작돼 추가 피해가 우려된다며 이렇게 말했습니다. "산이 내게 허락한 만큼 사람들에게 돌려주고 싶다."

2015. 5.

　　26일 민족종교 갱정유도(更定儒道)의 최고 지도자인 한양원 도정(道正·2016년 작고)을 간담회에서 만날 기회가 있었습니다. 민족종교협의회 회장이기도 한 그는 나라의 큰 행사나 종교 지도자 모임에서 항상 갓을 쓰고 도포를 입은 채 멋진 풍모를 자랑해 왔습니다. 갱정유도에는 유교를 갱신해 예(禮)를 되찾자는 취지로 지리산 청학동 등에서 옛 모습을 하고 사서삼경을 공부하며 살아가는 분들이 모여 있습니다.

　　이날 간담회의 주제는 평화통일 선포 50주년을 기념한 학술 세미나였습니다. 6월 4일 서울 한국프레스센터에서 열리는 이 행사에서는 송석구 전 동국대 총장이 '한반도 평화통일과 민족도의 정신'을 주제로 기조강연을 합니다.

　　세미나가 끝난 뒤에는 갱정유도에 소속된 갓 쓴 도인 200∼

300명이 거리로 나와 50년 전 벌였던 거리 행진을 재현하며 '통일과 평화를 염원하며 드리는 두 번째 호소문'을 발표할 예정입니다.

1965년 6월 6일 현충일 아침, 두루마기를 입고 갓을 쓴 갱정유도 도인 500여 명은 전북 남원에서 상경해 서울 시내에서 조선독립만세를 부르며 평화통일 선언문이 담긴 유인물 30만 장을 시민들에게 배포했습니다. 당시 언론에서는 '기이한 난동' '갓 데모' 등으로 묘사했네요.

갱정유도가 작성한 '통일과 평화를 위한 민족선언'에는 '원미소용(遠美蘇慂)하고 화남북민(和南北民)하자·미국과 소련의 종용(꼬임)을 멀리하고 남북민이 화합하자' 등 4개 항목이 들어 있습니다.

"'원미소용'은 민족을 분단시킨 미국과 소련의 종용을 멀리하자는 의미인데 당시 정권은 이를 '미국을 멀리하고 소련의 종용을 받자'로 해석했습니다."

당시 행사에 참가했던 한 도정의 말입니다. 그는 "경찰이 반공법 위반으로 나를 비롯한 주동자들을 구속했지만 결국 92일 만에 무혐의로 석방됐다"고 하더군요.

간담회에서는 행사 주제와 한 도정의 풍모 때문인지 최

근 건강과 도인술 등에 얽힌 얘기가 많이 나왔습니다. 그는 2013년 택시에서 내리다 손가방이 문에 낀 채 달리는 차에 매달려 30m가량 끌려가는 끔찍한 사고를 당했습니다. 엉덩이와 허벅지 쪽 뼈가 으스러져 중환자실로 실려 갔습니다. 가족들은 그가 14일 동안 의식을 찾지 못하자 장례 준비까지 마쳤다네요.

하지만 한 도정은 건강을 회복해 다리를 조금 저는 것 말고는 큰 불편 없이 활동하고 있습니다. "타고난 건강에 과로(過勞) 과민(過敏) 과식(過食)을 피하고, 아침마다 도인체조를 하면서 어려움을 넘겼다"는 게 그의 설명입니다.

성균관장과 초대 성균관대 총장을 지낸 심산 김창숙 선생의 비서를 했던 그는 가톨릭 노기남 대주교와 김수환 추기경, 불교의 효봉·경봉 스님, 개신교 강신명 한경직 목사 등과 활동한 인물이기도 합니다. 문선명 통일교 총재(1920~2012)에게는 주역을 가르치기도 했습니다.

"이제 '백 세 장수하라'는 말 들으면 기쁘지도 않아. 몇 년 안 남았는데 뭐. 백이십은 가야지. 하하." 호탕한 그의 말이었습니다.

2015. 5.

4·27 판문점 회담 이후 남북 관계는 봄기운이 무르익고 있습니다.

우리 예술단의 평양 공연 '봄이 온다'에 이어 남북과 북–미 정상회담의 결실을 바탕으로 서울에서 '가을이 왔다'는 공연을 열자는 김정은 북한 국무위원장의 제안이 있었다는 말도 나옵니다.

스포츠와 문화 교류는 봄에서 교류의 기운이 왕성한 여름, 다시 풍성한 수확을 기다리는 가을로의 전환을 재촉하는 촉매이기도 합니다. 이들 분야는 대북제재 위반 여부에 대한 논란을 피해 갈 수 있고 반대급부를 둘러싼 갈등도 비교적 적은 영역이라 이행이 쉽다는 장점이 있습니다. 반면 그 상징적 효과는 매우 크죠. 올 2월 평창 겨울올림픽 당시 남북선수단 공동 입장과 여자 아이스하키 단일팀은 현지의 칼바람을 누그러뜨린 봄의 조짐이었습니다.

문화 영역에서는 겨레말큰사전 공동 편찬과 개성 만월대 공동 발굴조사, 언론과 종교계의 교류 등이 곧바로 실행 모드에 들어갈 수 있는 사안으로 꼽힙니다. 특히 남측의 종교인들은 그동안 퍼주기 논란에도 불구하고 인도적 차원의 지원과 교류를 위해 노력했습니다.

북한의 핵 도발로 남북 관계의 계절 시계는 봄에서 엄동설한으로 바뀌기도 했습니다. 그 봄볕을 살려 결실을 본 것이 2007년 금강산 신계사(조계종)와 2005년 개성 영통사(천태종) 복원입니다. 영통사 복원에는 46만 장의 기와와 단청재료 3000세트가 들어갔고, 29채의 전각이 세워졌으며, 묘목 1만여 그루가 심어졌습니다.

종교계의 경우 남측 희망사항이 많아 이전보다 활발한 교류가 예상되지만 성과 위주의 접근은 금물이고 지켜야 할 선(線)이 있다는 지적이 나옵니다. 조계종에서 남북 교류 업무를 담당하는 민족공동체추진본부장 원택 스님의 말은 의미

심장합니다. "복원한 지 10년이 넘은 신계사 상태가 어떤지 궁금하죠. 다양한 교류를 위해 연락하고 있는데 아직 공개할 만한 내용은 없습니다."

그러면서 원택 스님은 뜻밖에 김수환 추기경(1922~2009)의 말을 빌려 남북 교류의 원칙을 언급했습니다. 김 추기경이 생전에 방북 신청을 하고, 오랫동안 북한 방문을 위해 기도했다는 것은 알려진 사실입니다. 김 추기경이 1998년 은퇴하면서 물러난 천주교 서울대교구장은 평양교구장 서리를 겸임합니다.

2000년대 초반 강연에서 들은 김 추기경의 말이 퍼뜩 떠올랐다는 게 스님의 말입니다. 당시 김 추기경은 "제가 돈 내고 북한 간다면 이게 선례가 되지 않겠느냐. 향후 남북 교류가 계속될 것인데 나쁜 선례를 남길 수 없었다. 이후 다른 사람들은 얼마나 힘들겠나"라고 말씀했다네요. 원택 스님과 평양교구장 고문으로 대북 지원 활동을 벌여온 함제도 신부(미국명 제라드 E 해먼드)의 말을 종합하면 이 돈은 7만~10만 달러로 추정됩니다.   우리 종교계가 적극적으로 나서고 있는 현안은 다양합니다. 불교만 해도 여러 종단이 북한 지역 사찰의 복원과 사찰 내 문화재의 공동 조사 등을 추진하고 있습니다. 가톨릭은 2015년 북한의 장충성당을 복원하고 남측에서 사제를 파견해 미사를 봉헌하는 방안 등을 합의했지만 이행되지 않은 숙제로 남아 있습니다.

개신교에서도 한국기독교교회협의회(NCCK)를 비롯해 여러 단체가 북한과의 교류와 지원 사업에 힘쓰고 있습니다. 개신교계 원로인 홍정길 목사는 25년간 남북나눔운동 이사장으로 일한 경험을 바탕으로 '대북 교류의 5계명'으로 •북에서 한 일, 남에서 떠들지 말라 •주는 사람이 겸손해야 한다 •주는 쪽이 아니라 받는 쪽이 원하는 것으로 도우라 •단, 현금이 아닌 물건으로 도우라 •술을 조심하라 등을 꼽았습니다. 무엇보다 문재인 대통령뿐 아니라 대북 교류에 나서는 책임자들이 '남북 화해와 평화의 교량 공사'에서 마지막 테이프 커팅의 영광스러운 주인공이 아니라 다리 밑 기둥과 자갈이 되겠다는 자세가 필요하다는 고언도 이어졌습니다.

종교인들은 북한의 특수성을 감안해 교류·지원과 선교·포교의 선도 지켜야 합니다. 일제강점기 신사참배를 거부해 옥고를 치르다 순교한 주기철 목사(1897~1944)의 손자인 주승중 목사(인천 주안장로교회)의 말도 귀담아들을 만합니다. 그는 제대로 확인되지 않고 있는 조부 묘소와 교회 등 그 흔적이 누구보다 그리운 사람입니다. 하지만 그는 일부 목회자들이 해외에서처럼 북한 지역을 또 하나의 선교지로만 여긴다면 심각한 문제가 생길 것이라고 경고합니다.   바야흐로 남북 관계의 봄, 그러나 '추기경의 노(No)'에 담긴 의미도 잊지 말아야 할 시기입니다.

2018. 5

자진해 물러난
전임 교황은 뭘 하시나

2014년 8월 프란치스교 교황의 한국 방문을 취재할 무렵 화제가 됐던 사진이 있습니다. '신(神)은 누구의 기도를 들어줄까'라는 제목이 붙은 패러디죠. 프란치스코 교황과 전임 교황 베네딕토 16세가 함께 기도하는 모습에 말풍선을 띄우고, 각각 출신 국가인 아르헨티나와 독일 국기를 그려 넣어 승리를 염원하는 듯한 분위기를 연출했습니다. 한 달 전쯤 열린 두 나라의 브라질 월드컵 결승전은 '바티칸 더비' '교황 대결'로 불리기도 했습니다.

다시 살펴보니, 원래 사진은 2013년 3월경 교황의 여름 별장이 있는 이탈리아 남부 카스텔간돌포에서 기도하는 장면으로 추정됩니다. 선종(善終·죽음을 의미하는 가톨릭 용어) 때까지 직분을 수행하는 교황의 자진 사임은 1415년 그레고리오 12세 이후 무려 598년 만이었고, 살아 있는 전·현직 교황의 만남은 이미 가톨릭사의 중요한 사건이 됐습니다. 이후 그 의미가 어느 정도로 커질지는 실로 가늠하기 어렵죠.

그해 12월 크리스마스를 앞두고 프란치스코 교황은 베네딕토 16세를 방문해 함께 기도했습니다. 교황이 "메리 크리스마스, 교황님! 저를 위해 기도해 주세요"라고 부탁하자, 베네딕토 16세는 "언제나 기도하겠다"고 화답했습니다.

이런 운명적인 교차점 이후 교황은 세상의 한가운데로, 베네딕토 16세는 기도와 명상, 은둔의 세계로 향했습니다.

교황은 요한 바오로 2세 이후 가톨릭 교계가 발굴한 최대의 '슈퍼스타'이고, 그의 일거수일투족이 화제가 되는 뉴스 메이커입니다. 무엇보다 추문으로 얼룩진 바티칸에 대한 개혁과 고통받는 이들을 위한 낮은 행보가 사람들의 마음을 사로잡고 있습니다. 그는 도널드 트럼프 미국 대통령과 시쳇말로 '맞짱' 뜰 수 있는, 거의 유일한 지구인 아닐까요? 13억 가톨릭 신자에 대한 영향력은 물론이고 트위터 팔로어만 4000만 명을 넘어설 정도로 종교를 뛰어넘은 파파 신드롬이 그 힘의 원천입니다.

실제 교황은 트럼프 대통령이 기후협약에서 탈퇴하자 자신의 트위터에 "우리는 자연환경이 공동의 이익, 모든 인류의 유산, 모든 사람의 책임이라는 사실을 잊지 말아야 한다"
고 일침을 가했습니다. 그가 바티칸을 방문하는 각국 대표들
과 이탈리아어로 대화를 나누는 관례를 깨고 모국어 스페인
어를 쓴 것도 트럼프 대통령의 반(反)이민 정책에 대한 비판적
선택이라는 해석입니다. 교황은 트럼프의 장벽 건설 공약에
대해서도 "다리를 만들지 않고 벽만 세우려 하는 사람은 그
사람이 어디에 있건 간에 그리스도인이 아니다"라며 우려를
표시했죠.

반면 퇴임 이후 드러나지 않았던 베네딕토 16세의 길은 최
근 보도된 뉴스를 통해 확인할 수 있습니다. 7일 발행된 이탈
리아의 한 매체에 따르면 올해 91세인 그는 "육체적 힘이 서서
히 쇠퇴함에 따라 주님의 집을 향한 내적인 순례에 접어들었
다"고 했습니다. 퇴위한 교황의 건강과 일상에 대해 많은 사
람들이 궁금해한다는 요청에 응해 편지 형식으로 근황을 전
한 것입니다. 그는 "때로는 조금 힘들기도 한 이 마지막 시기
에, 결코 상상하지 못한 이렇게 큰 사랑과 선의에 둘러싸여
있는 것은 엄청난 영광"이라고 했습니다.

어쩌면 지난해 10월 선종과 관련한 가짜 뉴스가 없었다면
잊혀졌던 교황의 삶은 훨씬 나중에 알려질 수도 있었습니다.

당시 그의 위독설이 퍼져 나가자 교황청 대변인이 두 수녀의 예방을 받고 숙소 앞에서 찍은 베네딕토 16세의 사진을 트위터에 올리고 나서야 선종설은 잠잠해졌습니다. 베네딕토 16세는 현재 바티칸 성베드로 대성전과 정원 사이에 있는 교회의 한 수도원에 거주하고 있습니다.

일부 혹독한 교회 비평가들은 바티칸을 물이 새는 '노아의 방주'로 불러 왔습니다. 프란치스코 교황이 교회의 이미지를 바꾸고 있지만 그가 진 십자가의 무게가 녹록해 보이지 않습니다. 5년 전 "저를 위해 기도해 주세요" "언제나 기도하겠다"는 짧은 대화는 그래서 다르게 읽힙니다. 그 기도는 세상에서 오직 두 '고수(高手)'만 알 수 있는 절대고독과 연민의 그것이기 때문이죠.

자유의지에 의한 베네딕토 16세의 사임은 50년, 100년 뒤 지금보다 더 높은 평가를 받을 수 있습니다. 하지만 세상 사람들은 그 이전에 압도적 사건을 만날 수도 있습니다. 아르헨티나에서 프란치스코 교황과 20여 년 동안 인연을 맺은 문한림 주교의 말입니다. "내가 아는 그분은 건강이 허락하지 않는다면 절대 자리에 연연하지 않을 것이다."

2018. 2.

02

회초리와 죽비

동쪽으로 기운 나무는
동쪽으로 쓰러진다

이따금 만나는 개신교 목회자들의 큰 불만은 개신교의 공은 축소되고, 과는 과장되고 있다는 겁니다.

과연 그럴까요? 개신교 소식을 전하는 매체들을 잠깐 살펴봐도 사건, 사고를 다루는 신문의 사회면으로 착각할 뉴스가 많습니다. 돈 문제로 재판받고 있는 대형 교회의 목사들을 둘러싼 추문, 원로목사와 담임목사의 다툼으로 두 쪽이 난 교회, 사유재산처럼 아버지에게서 아들로 이어진 교회 세습….

최근에는 한국기독교총연합회(한기총)가 주도적으로 유치한 세계복음주의협의회(WEA)의 한국 개최가 무산됐습니다. 국제적으로 망신살이 뻗쳤지만 아무도 책임지는 이가 없습니다. 심지어 연합예배라는 이름이 붙은 부활절 예배마저 나눠 치를 예정입니다.

그럼에도 주요 교단장 선거는 치열하게 치러지고, 선거 뒤에는 금권선거 시비와 결과에 불복하는 소송이 꼬리를 뭅니다. 교회 밖 선거판과 다를 게 없습니다.

다른 한편에서는 타산지석으로 삼을 만한 모습들이 있습니다. 남미 출신 최초의 교황에 선출된 프란치스코 교황의 파격 행보죠. 그는 아직도 콘클라베 당시 추기경들이 묵었던 게스트 하우스 산타 마르타에 머물고 있습니다. 지난달 22일 추기경 서임식을 전후해 이곳에 묵었던 한 신부의 말입니다. "숙소라는 게 정말 보잘것없다. 화장실을 합쳐도 13.22m²에 불과하다. 프란치스코 교황은 손님을 맞기 위해 다만 두 방을 터서 지내고 있다는 얘기를 들었다."

역대 교황들은 성베드로 광장이 내려다보이는 교황궁에서 생활했습니다. 12개가 넘는 방에 테라스를 갖춘 곳입니다. 그의 교황궁 '입주 거부'는 그 자체가 교회 개혁을 향한 강한 메시지가 되고 있습니다.

4일 명동대성당에서 치러진 염수정 추기경의 서임 축하미사는 관례적인 축하연 없이 신자들에게 차를 나눠주는 것으로 마무리됐습니다. 사제 대표인 한 신부는 축사에서 신학교 사무처장이던 시절의 염 추기경의 말을 전했습니다. "두루마리 화장지 한 칸이 몇 cm인지 아느냐? 11cm인데 아껴 써야 한다."

개신교는 중세에 부패가 만연한 가톨릭교회의 개혁을 출발점으로 삼았습니다. 시대가 달라져 다른 목소리가 들린다면 귀를 기울여야 합니다. 그 몫은 대부분 목회자들의 것입니다.

원인 없는 결과는 없습니다. 동쪽으로 기운 나무는 동쪽으로 쓰러진다고 했습니다.

2014. 3.

'축구 유감'…
축구는 축구다

1969년 중앙아메리카의 엘살바도르와 온두라스 사이에 이른바 '축구전쟁'이 일어났습니다. 100시간 전쟁이라고도 합니다. 정치적, 경제적으로 갈등 관계에 있던 두 나라가 월드컵 예선전을 치르다 응원단 간에 싸움이 일어난 것을 계기로 전쟁을 벌인 겁니다.

최근 개신교단에서 축구가 발단이 된 사건이 벌어졌습니다. 서울 용산구 청파로 삼일교회 게시판에는 7일 송태근 담임 목사의 글이 게시됐습니다.

송 목사는 '모든 성도님들과 삼일교회 성도님들에게'라는 글에서 "사랑의 교회 부교역자들과 삼일교회 부교역자들 간의 친선 축구도 제가 신중했어야 했다”고 밝혔습니다. 송 목사는 또 “문제는 리더의 결정”이라며 “리더의 결정은 소양과 판단, 가치관에서 나오는데 제가 그 면이 너무 부족했다”고 했죠.

중견교회의 담임 목사가 자질까지 언급하며 사과한 ‘축구 유감’의 전말은 이렇습니다. 축구를 좋아하는 두 교회의 목회자들은 지난달 24일 서울 용산구 효창운동장에서 친목 축구 경기를 했습니다. 사랑의 교회가 제작하는 교회 신문은 이 내용을 기사로 다뤘고, 송 목사와 사랑의 교회 오정현 목사가 웃으면서 어깨동무한 사진도 게재했죠.

그러자 소셜네트워크서비스(SNS)에는 오 목사와의 공개적인 만남과 오 목사가 강단에 복귀하는 사랑의 교회 예배에 송 목사가 참여한 것과 관련해 “그 나물에 그 밥” “유유상종”이라는 비난들이 이어졌습니다.

사랑의 교회는 오 목사의 박사학위 논문 표절과 학력 시비로 오랜 갈등에 휩싸여 있습니다. 일부 신자는 새로 건축한 교회에 들어가지 않은 채 옛 교회에서 예배를 드리고 있습니다. 이 교회를 개척한 고 옥한흠 목사의 아들 옥성호 집사는 최근 오 목사와 교회 운영을 풍자하는 듯한 소설 ‘서초교회

잔혹사'를 출간했습니다.

'축구 전쟁'은 상대방에 대한 비합리적인 증오가 얼마나 무서운 결과를 낳을 수 있느냐를 보여줍니다. 누군가가 두 교회의 친목 축구를 자신의 입지를 정당화하기 위한 도구로 썼다면 비판받아 마땅합니다.

사랑의 교회는 오 목사의 것이 아니라 많은 신자의 신앙 공동체입니다. 얽히고설킨 실타래는 이 관점에서 풀어야 합니다. 축구도 함께 못하게 하는 따돌림이 아닙니다. 축구는 축구일 뿐입니다.

2014. 3.

#장면1

14일 첫 비구니 군승(軍僧)이 탄생했습니다. 명법 스님이 이날 발표된 국방부 군종장교 선발 최종합격자에 포함된 것입니다. 비구니 군승은 1968년 군승제도가 시작된 이후 처음입니다. 여성 성직자의 군종장교 파견은 다른 종교를 망라해도 최초의 일로 불교계의 경사입니다.

#장면2

19일 대한불교 조계종 중앙종회 임시회는 호계위원의 자격을 '비구(남성 출가자)로 하지 말고 승려로 하자'는 취지의 종헌 개정안을 부결시켰습니다. 67명이 참여한 투표에서 찬성 46, 반대 20, 무효 1표로 종헌개정 정족수인 54표에서 8표가 부족했습니다. 여기서 중앙종회는 사회의 국회, 호계위원은 사법부 판사에 해당합니다.

조계종에 따르면 비구는 5602명, 비구니는 5281명입니다. 비구니 승가는 세계적으로 유례없이 큰 규모로 이들은 수행과 포교 등 다양한 영역에서 활동하고 있습니다.

그러나 조계종 헌법인 종헌에서는 비구니의 경우 말사(末寺·본사 주지가 임명권을 행사하는 사찰) 주지와 중앙종회 의원(81명 중 10명)을 빼면 종단의 선출직을 맡을 수 없습니다. 특히 이 개정안의 부결은 비구니가 비구의 잘잘못을 감히 따질 수 없다는 비구들의 전통적인 정서가 반영돼 있습니다. '100세 비구니일지라도 새로 계를 받은 비구에게 예를 표하고 가르침을 받으라' 등 비구니가 비구에게 지켜야 할 이른바 '8경계(八敬戒)'의 영향입니다.

비구니, 여성과 관련한 불교 단체들은 개정안 부결에 대해 "부처님의 평등정신을 거스르는 반불교적이고 반승가적인 행위"라고 반발했습니다. 비구니 종회의원 일운 스님은 "6월 중앙종회에 다시 상정해 반드시 통과될 수 있도록 노력하겠다"는 입장을 밝혔습니다.

8경계는 '모든 물이 바다에 이르면 짠맛으로 통일된다'며 신분에 관계없이 출가를 허락한 부처의 평등사상에 맞지 않습니다. 설령 비구와 비구니를 구별하는 언급이 있다 해도 당시 시대상과 남성 위주의 승단에서 여성을 보호하려는 취지였을 테니까요.

2500년이 훨씬 지난 지금 그 구절에 집착해서는 안 됩니다. 도박사건과 동화사 주지 자리를 둘러싼 갈등 등으로 바람 잘 날 없는 게 비구 위주 조계종단의 현주소입니다.

비구니 군승을 탄생시키고 끊임없는 자성과 쇄신을 주장해 온 조계종의 바람직한 선택을 기대해 봅니다.

2014. 3.

"스스로에게 회초리 들 때"…
종교계, 세월호 참사 자성

　　　　　　"무책임한 정부에 가차 없는 회초리를 대야 한다" "정의를 지키지 못했으니 회초리를 들어 달라" "지금은 회초리를 맞아야 할 때다"….

　세월호 참사 이후 정치인들에게서 나온 회초리 관련 발언들입니다.

　정치권뿐만 아닙니다. 15일 개신교계에서는 말이 아니라 '진짜' 회초리가 등장했습니다. 이날 서울 종로구 한국교회백주년기념관에서는 '회초리 기도회'라는 낯선 명칭의 행사가 열렸습니다.

이 기도회는 '나부터 회개운동'을 벌이고 있는 한국기독교 원로목사회와 한국범죄예방국민운동본부가 공동으로 개최한 것입니다. '회초리 대성회'라는 이름으로 7월 7일 열릴 예정이었지만 세월호 참사로 앞당겨졌습니다.

104세로 한국 개신교 최고령 목회자인 방지일 목사는 건강 악화로 참석하지 못했지만 방관덕(88) 이상모(83) 서상기(82) 최복규 목사(80) 등이 종아리를 걷고 회초리를 내리쳤습니다. 원로들이 연단 앞에서 회초리를 휘두르자 장내 분위기는 이내 숙연해졌습니다.

"작금의 우리나라에는 국민들이 도저히 상상할 수 없는 사건과 인재 사고가 곳곳에서 일어나고 있다. 이렇게 된 가장 큰 원인은 전적으로 빛과 소금의 역할을 감당해야 할 한국교회에 책임이 있다."

원로들의 말입니다. 보기에 따라 회초리 기도회는 이벤트성으로 여겨질 수도 있습니다. 하지만 오죽 답답했으면 이런 기도회까지 진행했을까 하는 마음이 듭니다.

대한불교조계종은 20일 오후 7시 종단 총본산인 서울 조계사에서 3000여 명이 참석한 가운데 추모재를 갖습니다. 세월호 희생자들의 극락왕생을 기원하고, 유가족의 고통을 함께 나누기 위해 마련된 것입니다. 어느 한쪽의 책임이 아닌 우리 모두의 공업(共業·공동으로 선악의 업을 짓고 공동으로 고락의 인과응보를 받는 일)으로 세월호 참사에 대한 참회와 발원을 한다는 취지입니다.

20여 년 전 김수환 추기경의 '내 탓이오'라는 말이 우리 사회에 큰 반향을 일으킨 바 있습니다. '내 탓이오' '나부터 회개' '공업' 등 표현은 다르지만 어느 것이든 관계없죠. 핵심은 같습니다. 자신의 허물을 먼저 보고 함께 문제를 해결하겠다는 것입니다.

세월호 참사에 대한 진상 규명과 책임 소재는 명확하게 가려야 합니다. 하지만 그 상처를 치유하고 안전한 세상, 돈보다 생명의 가치가 존중받는 세상을 만드는 것은 누구만의 책임이나 몫이 아닌 우리 모두의 일입니다.

2014. 5.

가슴에 손 얹고
양심의 법정에 서자

"최고의 마지막 법정은 양심입니다."

21일 대구대교구에서 만난 한 중견 신부는 세월호 참사를 언급하며 이렇게 말했습니다. 규정된 제도와 법률에 앞서 인간이 양심에 맞게 판단하고 행동했다면 대형 참사는 막을 수도 있었다는 취지입니다.

그러면서 그는 신학생 시절 받은 교육의 일부를 소개했습니다. "전쟁 중에 퇴각하다 다리를 폭파해야 아군 수백 명이 사는 상황입니다. 하필 그때 아기를 업은 엄마가 다리를 건너옵니다. 다리를 폭파해야 합니까, 그대로 둬야 합니까."(신부) "글쎄요?"(기자)

이 신부는 빙그레 웃다 답은 "엄마와 아기를 구하라"라고 했습니다. 이 사례에는 두 가지 가르침이 있습니다. 첫째는 생명의 문제에 관여할 때에는 바로 지금 이 순간을 우선적으로 직시하라는 것입니다. 나중 상황을 따져 눈앞의 생명을 희생시켜서는 안 된다는 의미죠. 또 하나는 아이와 엄마, 수백 명이라는 식으로 은연중에 생명을 저울질해서는 안 된다는 교훈입니다.

종교계가 세월호 참사 이후 추모와 자숙의 분위기를 이어가고 있지만 일각에서는 눈살을 찌푸리게 만드는 일이 벌어지고 있습니다.

대구 동화사의 후임 주지 선출 문제가 그렇습니다. 전임 주지와 주지 임명권을 지닌 방장 스님 측의 대립으로 시작된 갈등은 세월호 참사 이후에도 계속됐습니다. 전임 주지는 불명예스럽게 물러날 수 없다면서 스님들의 뜻을 묻자며 총회 개최를 주장한 반면, 방장 스님 측은 전임 주지의 수행자로서의 자질 문제를 거론하며 맞서 왔습니다. 용주사 주지 선출 문제도 심상치 않습니다.

이처럼 대한불교조계종의 본사 주지 선출을 둘러싼 갈등은 어제오늘의 일은 아닙니다. 사중 스님들의 의견이 수렴돼

후임 주지가 자연스럽게 추대되는 경우가 오히려 드물 정도입니다. 본사 주지와 국회격인 중앙종회 의원을 뽑는 선거철이 되면 스님들이 속한 문중과 중앙종회의 계파 대결 등 다양한 이유로 갈등이 벌어집니다.

개신교 역시 후임 목사를 둘러싼 교회 분열과 교회 세습을 둘러싼 논란이 끊이지 않고 있습니다.

일반인도 아닌 종교인이라면 누구보다도 양심의 법정에 겸허하게 서야 합니다. 국상(國喪)이라는 표현까지 나오는 요즘 염불보다 잿밥 싸움에 몰두한다는 소리를 들어야 하겠습니까?

2014. 5.

강을 건넜으면 뗏목은
두고 가라 일렀거늘…

어떤 나그네가 긴 여행 끝에 크고 넓은 강에 이르렀습니다. 강 너머는 평화롭고 아늑한 땅이 있습니다. 그는 강을 건널 나룻배를 찾을 수 없자 공들여 뗏목을 만들었습니다. 무사히 강을 건넌 그는 새삼 자신을 건너게 해준 뗏목이 고맙기도 하고 아깝게 여겨집니다. 그는 마침내 그 무거운 뗏목을 어깨에 메고 걷기 시작했습니다.

아함경 중 유명한 뗏목의 비유다. 부처는 '강을 건넜으면 뗏목은 두고 가라'고 했습니다. 좋은 법이나 진리조차 집착하고 얽매여서는 안 된다는 것입니다.

대한불교조계종의 국회격인 중앙종회가 표결 절차를 둘러

싼 논란은 있지만 25일 종헌 개정안을 만장일치로 가결해 비구니들이 초심 호계위원과 법규위원에 선출될 수 있도록 했습니다. 초심과 재심으로 나뉘는 호계위원은 사법부 판사, 법규 위원은 헌법재판소 재판관에 해당합니다. 종헌 개정은 종단 소속 12000여 명의 스님 중 절반에 가깝지만 주요 선출직에서 배제된 비구니들의 숙원입니다.

종회는 종헌 개정을 통해 초심 호계원을 7명에서 9명으로 늘리고, 비구니 호계위원 2명을 둘 수 있도록 했습니다. 단, 비구니 호계위원은 비구 징계사건의 심리와 판결에 참여할 수 없습니다. 법규위원 자격도 비구에서 승려로 바꿔 비구니들이 선출될 수 있는 길을 열었습니다.

하지만 이날 종회에서는 우여곡절이 적지 않았습니다. 한 중견 스님은 "두 차례 부결된 이후 언론과 여성단체들이 비구가 비구니 인권을 무시했다고 주장한 것은 잘못"이라며 "율장(律藏·계율)이 아닌 사회법을 근거로 법 통과를 주장해선 안 된다"고 말했습니다.

종헌 개정이 단지 언론과 여성단체들의 여론을 의식해 이뤄진 것이라면 종회의 상황 인식은 우려할 만한 수준입니다. 일부에서는 율장을 그 근거로 들고 있지만, 자신에게도 의지

하지 말라고 당부한 것이 부처의 가르침입니다. 율장에 얽매여 종단 대부분의 선출직에서 비구니를 원천적으로 배제한 것은 지금 부처가 다시 오셔도 놀랄 일이죠. 아마도 다시 "강을 건넜으면 뗏목을 두고 가라"는 불호령이 떨어질 것입니다.

2014. 6.

점심 식사 도중 갑자기 지도자가 가져야 하는 '수첩의 크기'가 화제가 됐습니다.

우리 지도자들의 수첩에는 무엇이 쓰여 있고, 그 크기는 얼마나 될까 하는 궁금증이었습니다.

참석자 중 여러 분의 의견은 "박근혜 대통령이 쓰고 있는 수첩은 크기가 좀 작지 않냐"는 것이었습니다. 깨알 메모보다는 큰 수첩에 여야와 좌우, 종교, 학벌에 관계없이 많은 사람들에 대한 메모가 담겨 있어야 한다는 겁니다.

저는 지도자가 아니기에 편한 입장에서 이런 말도 할 수 있고, 감 놔라 배 놔라 하는 식의 편한 얘기도 할 수 있습니다.

이를 테면 우리 종교 지도자들의 주머니에 있는 수첩의 크기는 어느 정도일까 하는 궁금증입니다. 속시원하게 말해보겠습니다.

대한불교조계종의 고민은 세 분 스님의 행보에 담겨 있습니다. 총무원장인 자승 스님, 봉은사 주지 임명과 관련해 이명박 정부의 외압을 주장하기도 했던 명진 스님, 명분이 있으면 협력하면서도 종단에서 '영원한 야당'으로 불리는 영담 스님입니다.

가톨릭 지도자는 어떨까요? 일각에서 보수의 본류라고 비판하는 염수정 추기경과 이름만 떠올려도 진보의 이미지로 다가오는 제주교구장이자 천주교주교회의 의장인 강우일 주교가 계십니다.

안타깝게도 개신교는 특정한 분이 떠오르지 않습니다. 항상 예상에서 벗어나지 않는 입장을 내놓는 기독교교회협의회(NCCK)와 한국기독교총연합회(한기총)와 같은 단체만 떠오를 뿐입니다. 한경직 목사님 소천 이후 교계 지도자로 어떤 분이 연상되지 않는다는 게 개신교의 불행 아닐까 생각합니다.

좀 더 쓴소리를 하자면, 점심시간에 모인 갑남을녀(甲男乙女)의 공통된 주장은 우리 종교 지도자들 역시 수첩 크기가 좀 작다는 겁니다. 객관적인 표현은 아닙니다만, 대부분의 종교 지도자들이 사람들의 예측에서 벗어나지 않는 행보를 보이기 때문입니다.

이런 모습을 꿈꿔봅니다. 자승 스님과 영담 스님이 손을 잡고 종단 현안인 총무원장 직선제를 위해 통 크게 대화를 나누고, 다양한 사회 현안에 염 추기경과 강 주교가 함께 목소리를 높이는 그런 풍경입니다.

지도자들의 수첩이 커지면 커질수록, 사람들의 행복도 커질 수 있다고 믿습니다.

2014. 7.

인도 불교성지서
'땅밟기 테러'라니…

인도 북동부 부다가야는 부처가 깨달음을 얻은 성도지(成道地)로 탄생지 룸비니, 최초 설법지 사르나트, 열반지 쿠시나가르와 함께 불교 4대 성지로 꼽힙니다. 부다가야의 마하보디 사원은 유네스코 지정 세계문화유산이기도 합니다.

최근 이 사원에서 벌인 개신교 신자들의 이른바 '땅 밟기' 동영상이 큰 논란이 되고 있습니다. 땅 밟기는 개신교 불모지를 직접 밟으며 전도하는 선교 방식으로 알려져 있습니다. 동영상을 보면 젊은이 3명이 사원 내 대탑 입구에서 찬송가를 부르며 개신교식 기도를 하고 있습니다. 한 스님이 중지할 것을 요청하자 이들은 "구원받지 못한 이들이 불쌍해 하나님을 전하는 것"이라고 대꾸했답니다.

땅 밟기가 문제가 된 것은 어제오늘의 일이 아닙니다. 2010년 서울 강남구 봉은사에서 한 선교회 교육생들이 사찰이 무너지길 기도하는 모습이 담긴 동영상이 유튜브에 올랐고, 같은 해 개신교 신자 10여 명이 미얀마 사찰에서 예배하는 영상이 인터넷에 퍼지기도 했습니다.

비슷한 사례들을 접할 때마다 의문이 꼬리를 뭅니다. 도대체 누가 누구의 땅을 왜 밟는 걸까요? 땅을 밟으면 밟힌 쪽이 개종이 되거나 어려움을 겪게 되는 건가요?

한 신학자는 "본래 땅 밟기 기도는 영어식 표현인 '걷기기도(prayer walking)'를 번역한 것으로 걸으면서 하는 기도였다. 그러나 현재 땅 밟기 기도는 영적 대결을 추구하는 선교 운동의 한 분파적 사상이 주도해왔다"고 합니다.

땅 밟기는 개신교 내부에 남아있는 과거의 십자군식 발상이라는 의견도 있습니다. 11세기 말에서 13세기 말 사이 서유럽 기독교 국가들은 성지 예루살렘을 이슬람교도들로부터 해방시킨다는 명분으로 십자군 전쟁을 감행했습니다. 하지만 이 전쟁이 약탈과 약소국가에 대한 엉뚱한 공격으로 번진 것은 주지의 사실입니다.

땅 밟기는 자신의 내면과 세상을 위한 기도가 돼야지, 우월적 위치에서 다른 이들을 구한다는 비정상적 선교가 돼서는 안 됩니다. 그 생각을 버리지 않는다면, 땅을 밟으면 밟을수록 그 땅은 좁아질 뿐입니다.

2014. 7.

절집감투, 닭벼슬보다
못하다는데…

"닭 벼슬(볏)보다 못한 게 중 벼슬이라오."

간혹 스님들과 다담(茶談)을 나눌 때 듣게 되는 말입니다. 궁극적으로 무소유의 삶을 추구하는 게 수행자의 삶이고, 그렇다면 이른바 '절집 감투'는 연연할 가치가 없다는 거죠.

대한불교 조계종 제6대 종정인 성철 스님(1912~1993)의 임기가 1991년 끝나자 이런 분 저런 분을 내세워야 한다는 의견들이 나왔습니다.

당시 갈등이 심해지는 가운데 일부 스님들이 화합을 위해 성철 스님의 재추대를 주장했죠. 성철 스님이 그대로 자리를 지켜 분란을 막자는 취지였습니다. 한사코 종정 자리를 고사하던 성철 스님은 결국 이 설득에 "언제든지 그만두겠다"는 단서를 달고 재추대를 수락했다고 합니다.

요즘 절집 분위기는 많이 다릅니다. 세속이나 다를 게 없다는 말이 절로 나옵니다. 해인총림(해인사) 방장 선출이 그렇습니다. 방장 후보로 해인사의 규율을 관장하는 유나(維那) 원각 스님과 원로인 서당(西堂) 대원 스님이 나선 상태입니다. 양측 추대위원회는 상대 스님의 방장 자격을 둘러싼 문제 제기와 함께 측근으로 알려진 스님들에 대한 의혹을 쏟아내고 있습니다.

세속을 연상시키는 이런 대립은 해인사의 전통에도 어긋납니다. 해인사는 1967년 성철 스님을 초대 방장으로 추대한 뒤 지금까지 한 번도 선거를 치르지 않고 추대 전통을 이어왔죠. 당시에도 해인사를 구성하는 여러 문중의 이견이 있었지만 대화와 타협을 통해 이 전통을 지켜왔습니다.

동국대 총장 선출을 둘러싼 갈등도 최근 조계종의 고민입니다. 동국대 교수인 A 스님이 조계종 파견 이사 스님들의 압도적 지지를 받아 총장 단일 후보로 추대됐습니다. 하지만 A 스님이 쓴 논문들의 표절 의혹이 제기돼 총장 선출 건은 표류하고 있고, 후임 이사장 선출을 둘러싼 논란은 법적 다툼으로 번질 조짐입니다.

닭 벼슬보다 못하다지만 그래도 누군가 해야 한다면 적임자는 누구일까요? "하려는 이가 아니라, 하지 않으려고 하는 이를 시키라"는 절집 속설에 답이 있습니다. 방장과 총장, 이사장의 자격은 무엇보다 절집이나 사회에서 누구나 따를 수 있는 '어른'이어야 합니다. 세속과 다를 바 없는 다툼과 수의 대결에서 이겼다고 해서 그분이 바람 잘 날 없는 큰 나무를 포용할 수는 없습니다.

사심 없고 누구라도 고개를 끄덕거릴 수 있는 이를 찾아 추대하는 게 해법입니다. 그게 바로 세상을 향해 보여줄 수 있는 불교적 가치이기도 합니다.

2015. 2.

"응답하라 1994" 수그러들지 않는
'의현 복권' 논란

2013년 '응답하라 1994'라는 제목의 드라마가 방영됐습니다. 이 드라마는 당시 유행했던 음악과 감성을 담아 큰 화제를 불러 일으켰습니다.

1994년은 대한불교조계종에도 특별한 해입니다. 당시 의현 총무원장의 3선 시도를 둘러싼 갈등 끝에 폭력 사태가 벌어지고 반대하는 대규모 승려대회도 열렸습니다. 스님은 물론이고 승가대학원에 재학 중인 학인(學人)과 대학생 불자들이 들불처럼 일어섰습니다. 결국 의현 총무원장은 4월 13일 사퇴하고, 이틀 뒤 종단 개혁을 위한 개혁회의가 출범합니다.

조계종 사람들은 1994년 불교민주화 과정을 우리 사회 민주화의 분수령이 된 1987년 6월 민주항쟁에 곧잘 비유합니다. 조계종이라는 공식 명칭 대신에 '개혁종단'이라는 말을 쓰고, 종단사를 언급할 때 종단 개혁 전과 후로 나누기도 합니다. 개혁에 참여했던 스님과 대학생 불자들에게 1994년 종단 개혁은 자랑스러운 역사이자 자존심입니다. 이른바 종권(宗權)은 물론이고 금권, 정치권 후원까지 받은 거대한 벽을 무너뜨렸으니까요.

그런데 지난달 의현 전 원장에 대한 징계 수위를 21년 만에 멸빈에서 공권 정지 3년으로 낮춘 재심호계원 판결이 큰 파란을 일으키고 있습니다. 8일 종단에서 근무하는 재가불자로 구성된 종무원조합은 이 판결에 대해 "1994년 종단 개혁 당시의 개혁정신을 고려하지 못한 결정"이라며 "종헌(宗憲)·종법과 종도들의 공의에 따라 공명정대하게 처리해 달라"고 종단에 요청했습니다. 평소 자기 목소리를 내지 않는 종무원 분위기를 감안하면 매우 이례적입니다.

1994년 개혁 주체들이 기득권 세력이 되면서 20여 년 전 개혁정신이 퇴색했다는 비판도 있습니다. 하지만 적어도 "과거의 늪에 빠져 있던 조계종을 시대와 함께 걷는 종단으로 만들었다" "오늘의 조계종을 만든 개혁"이라는 평가에 대해서는 이론의 여지가 없습니다.

9일 백양사 인근에서는 종단 개혁을 주도한 세력의 하나인 실천불교전국승가회(실승) 회원들이 갑론을박을 벌였습니다. 호계원 판결을 성토하는 분위기 속에 백양사 방장이자 실승 고문인 지선 스님은 "절집에 목 베는 공사(公事·여러 사람이 함께 하는 논의)는 없다. (본인이) 참회하면 대중의 뜻을 물으면 된다"고 했습니다. 일각에서 주장하는 승려대회 개최와 관련해서는 "실승은 정치단체가 아닌 수행단체다. 자비로 저항해야 한다"고 선을 그었습니다.

복권을 추진한 쪽에선 의현 전 원장의 참회가 있었고 고령이라는 점, 그리고 1994년 징계 당시 있었던 절차상의 문제 등을 고려한 판결이었다고 말합니다. 하지만 종단의 바닥 정서는 이번 판결을 개혁정신의 훼손, 과거로의 후퇴로 여기고 있습니다.

조계종 대다수 구성원의 목소리는 분명합니다. 의현 전 원장의 복권 문제는 찬반을 떠나 종헌 개정 차원에서 제대로 다뤄져야 할 사안이라는 겁니다. 1994년 이전으로 돌아가는 것이 아니라는 명백한 메시지가 필요합니다. 아니, 지금은 빛이 바랜 그 개혁정신을 제대로 실천하겠다는 응답이 필요합니다.

2015. 7.

최근 서울 종로5가 한국교회100주년기념관에서는 '회초리기도대성회'라는 특이한 이름의 행사가 열렸습니다. 여의도순복음교회 조용기 원로목사와 이영훈 담임목사, 올해 104세인 김영창 목사 등이 참석했다고 합니다. 한국 교회를 잘 못 이끌고 있다는 목회자들의 반성이 담긴 행사라고 하네요. 교계 지도자들의 회개를 강조하는 발언과 회개 기도문 낭독, 종아리를 걷고 회초리로 내려치는 시간도 이어졌습니다.

행사 중 한국교회의 근본적 문제점은 회개가 없기 때문이라는 주장들이 여러 차례 나왔지만 냉소적 반응도 적지 않습니다. 개신교계의 상당수 행사에 회개라는 이름이 붙은 지 오래고, 말은 많지만 변화가 없다는 불신도 깔려 있기 때문입니다. 대형 교회 세습과 목회자의 추문, 교단장을 둘러싼 금권 선거 시비가 계속되지만 정말 "내 탓이오"라며 제대로 책임진 목회자는 없습니다.

최근 남미 3개국 순방을 마치고 로마 교황청으로 돌아가는 전용기 안에서 나온 프란치스코 교황의 말은 눈여겨볼 필요가 있습니다. 한 기자가 "왜 땀 흘려 일해 세금을 내는 중산층의 문제에 대해서는 잘 발언하지 않느냐"고 물었습니다. 앞서 교황은 볼리비아 방문 중 돈을 향한 무절제한 탐욕을 '악마의 배설물'로 비유하며 자본주의를 비판한 바 있습니다. 교황의 답은 이렇습니다. "당신이 맞다. 중산층의 어려움을 생각하지 않은 것은 내 실수다. 앞으로 이 문제에 대해 더 깊이 생각하겠다."

종교를 막론하고 고위 성직자일수록 반성과 사과에 인색한 경우가 많습니다. 그래서 신(神)이 정한 무오류(無誤謬)의 사도인 그의 입에서 나온 '당신이 맞다' '실수' '깊이 생각하겠다'는 표현은 더욱 가슴에 와 닿습니다. 그 반성이 권위를 훼손하기는커녕 또 다른 매력으로 느껴지기도 합니다.

　　대한불교조계종은 의현 전 총무원장의 사면을 둘러싼 갈등으로 뜨겁습니다. 이번 사면 건을 1994년 개혁 정신에 대한 근본적 도전으로 여기는 이들이 많습니다.

　　하지만 이 갈등에는 가장 중요한 뭔가가 빠져 있습니다. 의현 전 총무원장 자신입니다. 제대로 된 참회가 없는 가운데 사면 문제를 논의한다는 것 자체가 이치에 맞지 않습니다. 그가 논란이 된 재심호계원 심사에서 그 뜻을 밝혔다지만 그것으로는 조계종 구성원의 눈높이를 맞추기에는 역부족입니다. 스스로 조계종의 국회 격인 중앙종회에서 참회와 함께 종교인으로서의 사생활에 대한 시비도 명명백백하게 밝혀야 합니다.

　　회개와 사과, 반성, 참회…. 표현은 뭐라도 좋습니다. 세상을 향한 종교인의 진솔한 고백은 부끄러움이 아닌 용기입니다. 이 시대를 살아가는 종교인의 새로운 덕목입니다.

2015. 7.

성직자들은 손 맞잡을 줄 모르나

'오늘은 용주사 경내 공사로 인하여 참배가 불가능합니다' '용주사 전강문도회 성월 스님 의혹 진상규명 지지'….

지난달 31일 대한불교조계종 제2교구 본사인 경기 화성시 용주사에 붙은 현수막 내용입니다. 이날 용주사에서는 주지 성월 스님의 범계(犯戒 · 계율을 어김) 의혹을 제기하며 퇴진을 요구하는 이들과 사실무근이라는 측이 맞섰습니다. 이 와중에 산문(山門)은 봉쇄됐고, 스님들은 치열한 몸싸움을 벌였습니다.

용주사와 관련해 불교계 인사와 통화하면 대부분 "한두 번도 아니고…. 부끄럽다. 할 말이 없다"는 답이 돌아왔습니다. 용주사뿐 아니라 해인사 등 조계종의 크고 작은 사찰에서 주지 스님이 바뀔 무렵이면 법정 송사(訟事)는 물론이고 물리적 충돌까지 벌어졌습니다.

개신교 역시 송사에 관한 한 뒤지지 않습니다. 보수적 성향의 연합기관인 한국기독교총연합회 대표회장 선거를 치를 때마다 다양한 갈등이 불거졌고, 주요 교단장 선거 때면 십중팔구, 선거 결과에 불복하는 가처분소송이 벌어지곤 합니다.

성경은 형제들과 세상 법정에서 송사하지 말고 손해를 보더라도 화해하라고 가르칩니다. 불교는 지도자 선출과 구성원 징계 등 다양한 문제를 논의하는 '갈마'라는 대중공의제적 전통을 갖고 있습니다. 일부에서는 조계종이 올해 초부터 진행 중인 '대중공사(大衆公事)'를 요식 행위라며 비판하지만, 이는 지위 고하에 관계없이 발언하고 뜻을 모아 대소사를 처리한다는 점에서 불교의 평등정신을 상징적으로 보여줍니다.

하지만 종교계가 요즘 갈등을 처리하는 방식을 보면 교리의 가르침과는 반대로 '법정은 가깝고, 화해는 먼' 실정입니다.

올해 2월 발표된 한국갤럽의 성직자에 대한 여론조사 결과는 충격적입니다. 2014년 기준의 이 조사에서 '우리 주변에 품위가 없거나 자격이 없는 성직자가 얼마나 많다고 생각하느냐'는 질문에 전체 응답자의 87%가 '매우 많다'(22%), '어느 정도 있다'(65%)고 답했습니다. 반면 '별로 없다'(12%), '전혀 없다'(1%)고 답한 이는 13%에 그쳐 10명 중 9명은 성직자의 자격 또는 자질 문제를 심각하게 바라보고 있습니다.

종교를 가진 응답자들의 답변에도 큰 차이는 없었습니다. 불교인 88%, 개신교인 85%, 가톨릭 신자 89%가 품위나 자격이 없는 성직자가 많다고 답했습니다.

속사정을 세세히 들여다보면 잘잘못의 경중이 있겠지만 '닭 벼슬(볏)만도 못한 게 주지 벼슬'이라고 했습니다. 우리 사회의 종교인에 대한 싸늘한 시선을 보면 다툴 시간도 없습니다. 종교인들만 모르고 있는 걸까요?

2015. 9.

"당신을 관세음보살의 화신이라고 하는데, 당신도 그렇게 생각하시나요?" "그렇지 않습니다. 저는 한 사람의 수행자일 뿐입니다. 제가 신이라면 목이 마르지 않겠지요."

그러면서 그는 웃으며 물을 한 모금 마시곤 합니다. 한 책에 묘사된 이 수행자는 바로 달라이 라마입니다. 이 짧은 대화에선 달라이 라마의 하심(下心··자신을 낮춤)과 유머 감각을 엿볼 수 있습니다.

프란치스코 교황 이전 가장 대중적으로 사랑받아 온 종교인이 달라이 라마라는 것에는 이론의 여지가 없죠. 노벨평화상을 포함한 수많은 인권상 수상자이자 버락 오바마 미국 대통령 등 유명인들과 격의 없이 대화를 나누는 인물이기도 합니다.

2000년대 초반 한 독일 잡지는 현존 인물 중 '세계에서 가장 현명한 사람을 고르라'는 설문조사를 했습니다. 응답자의 33%가 달라이 라마를, 그 다음으로 14%가 교황을 선택했습니다.

달라이 라마의 한국 방문이 다시 관심사로 떠오르고 있습니다. 방한추진회 위원장을 맡고 있는 금강 스님(해남 미황사 주지)은 최근 간담회에서 그의 근황을 전했습니다. 달라이 라마는 "중요한 일이 있어도 한국에 가는 일이 최우선이다. 한국 정부만 허락한다면 언제든지 방문하겠다"고 했답니다. "해인사 팔만대장경을 꼭 참배하고 싶다" "김치를 먹고 싶다"는 전언도 있습니다.

그동안 여러 차례 달라이 라마의 방한이 추진됐지만 중국과의 관계를 고려한 정부 결정으로 그의 한국행은 성사되지 않았습니다.

달라이 라마는 62개국 이상의 나라를 방문하며 비폭력, 평화의 메시지를 전해 왔습니다. 가까운 일본만 해도 한 해 두

세 차례 찾아 법문하고 있는데, 정치인과의 만남은 피하고 종교 행사에만 참석한답니다. 그다운 현인(賢人)의 면모죠.

방한추진회 자료에는 '달라이 라마가 방문하지 못하는 세계 유일한 나라가 한국입니다'라는 문구가 들어 있습니다. 물론 중국까지 포함해야겠죠.

여기서 우문(愚問) 하나 던져볼까요? 달라이 라마의 방문이 왜 유독 대한민국에서만 외교 문제가 되는지 그 이유를 알 수가 없습니다.

2015. 10.

생명은 최우선 가치…
조계종의 노력 기대

　　　　　세상의 이목이 요즘 서울 우정국로 조계사에 집중되고 있습니다.

　불법, 폭력 시위를 주도한 혐의를 받고 있는 한상균 민주노총 위원장이 이곳에 은신한 뒤 그의 거취가 사회적 쟁점이 됐습니다. 한때 조계사 신도회 차원에서 "나가 달라"며 몸싸움까지 벌였지만 정작 당사자는 모르쇠로 일관하며 소셜네트워크서비스(SNS)를 통해 5일로 예정된 2차 총궐기 참여를 독려하고 있습니다.

　그의 은신에 가려져 있지만 최근 불교계를 둘러싼 가장 큰 현안의 하나는 김건중 동국대 부총학생회장의 단식입니다.

종교를 담당하는 기자들에게는 일종의 불문율이 있습니다. 사회적 파장이 크지 않다면 종단 내부의 문제는 자율적으로 원만하게 해결되는 게 좋다는 겁니다.

하지만 50일째 단식하던 학생이 3일 오전 10시경 의식을 잃고 병원에 이송됐습니다. 이날 현장에 있던 미황사 주지 금강 스님에 따르면 현재 병원에서 생명 유지를 위한 조치가 진행되고 있습니다.

이제 이 사건은 종단 내부가 아니라 우리 사회가 관심을 가져야 하는 생명의 문제입니다. 이 학생은 논문 표절 논란에 휩싸였던 총장 보광 스님의 사퇴에 이어 탱화와 관련한 의혹을 받고 있는 동국대 이사장 일면 스님의 퇴진을 요구해 왔습니다.

탱화 사건의 발단은 해외 문화재 반환 운동을 벌이다 환속한 혜문 거사(居士)가 경기 남양주시 흥국사에 있던 1792년 작 탱화가 일면 스님이 주지로 있을 때 사라졌다 나중 일면 스님의 측근 자택에서 발견됐다며 절도 의혹을 제기하면서 시작됩니다. 일면 스님은 "조계종 총무원 등에 보고하지 않은 것은 잘못이지만 탱화는 도난당한 것"이라고 해명합니다.

수불 스님과 중앙승가대 교수인 미산 스님은 도덕적 책임을 느껴 최근 동국대 이사직에서 물러났습니다.

세월호 참사 이후 200일 이상 전남 진도 팽목항을 지켰던 금강 스님의 말입니다. "제가 함께 단식하는 것은 어느 한쪽의 주장을 일방적으로 지지하거나 어떤 목적을 관철하기 위한 것이 아닙니다. 생명이 꺼질 수도 있기 때문에 그것을 막으려는 겁니다."

다행히 이날 오후 열린 이사회는 6시간 격론 끝에 전원 사퇴하기로 결의했다네요.

제 짧은 생각으로도 생명과 바꿀 수 있는 가치는 없습니다. 특정인의 퇴진이나 정치적 요구 등과 비교할 수 없는 가치입니다. 천지중생이 나와 한 몸이라는 것을 알고 자비심을 일으킨다는 의미의 '동체대비(同體大悲)'라는 말이 있습니다. 생명을 구하기 위해 자비 종단인 조계종이 모든 노력을 기울여야 할 때입니다.

2015. 12.

성범죄 1위··· 종교인들
'쿠오바디스 도미네'

아침 무렵 문득 열어본 페이스북에서 한 지인이 띄운 글에 시선이 멈췄습니다. '서지현 검사의 손을 떠난 스톤, 한국 사회 어디까지···.' 이 표현처럼 '미투(#MeToo·나도 당했다)' 운동의 스톤이 어디로, 어디까지 갈지 예측 불허입니다.

최근 천주교 수원교구 한모 신부의 성추문과 관련해 한국 가톨릭교회를 대표하는 주교회의 의장이 세 차례 머리를 숙여 사과하는 일까지 벌어졌습니다.

2, 3일 경북 칠곡군 성 베네딕도회 왜관수도원에서 하룻밤을 묵을 기회가 있었습니다. 이른 새벽에 '기도하고 일하라'는 베네딕도 성인의 가르침을 따르는 이 수도원의 경건한 미사를 지켜봤습니다. 수도원장인 박현동 아빠스를 비롯해 회원으로 공동체에서 생활하는 신부, 수사와 껄끄럽지만 궁금했던 성

(性)과 관련한 대화도 나눴습니다.

"사제와 수도자들은 관 뚜껑 닫힐 때까지 조심하고 경건하게 살아야 한다." 주교와 동등한 대우를 받는 고위 성직자인 박 아빠스에게서 이 말이 나오는 순간 내심 충격이 느껴졌습니다. 더구나 이 말은 그가 처음 하는 것도 아니고 사제와 수도자들의 오래된 경구(警句) 같은 얘기라는 겁니다. "농담이 아니다"라는 말까지 이어졌습니다.

종교계 성추문의 심각성은 드러난 것이 빙산의 일각이라는 데 있습니다. 미투 운동이 시작될 때부터 "대중적으로 유명인사가 아니라서 그렇지, 종교권력의 속성상 그 행태는 더 은밀하고 심각할 것"이라는 우려가 컸습니다.

개신교에서는 몇 해 전부터 목회자들을 둘러싼 추문들이 이어져 이미 세상을 떠들썩하게 했습니다. 심지어 기독교윤리실천운동(기윤실)은 성폭력 범죄를 저지른 종교인에게 가중처벌 및 공소시효 적용 배제를 내용으로 성폭력처벌법을 개정하자고 주장한 바 있습니다. 불교 최대 종단인 조계종의 경우 총무원장 선거나 큰 사찰 주지 선출을 둘러싼 잡음이 있을 때마다 입으로 옮기기 어려운 여러 성추문이 나돕니다.

2010년부터 5년간 전문직군별 강간 및 강제추행범죄 건수에 대한 경찰청 통계에 따르면 종교인이 442건으로 가장 많습니다. 그 다음으로 의사(371건)와 예술인(212건), 교수(110건) 순이었죠. 인구 분포를 감안하지 않았고 이름도 알 수 없는 교단까지 포함돼 있다지만, 누구보다 앞장서 법을 지켜야 할 종교인의 비중이 높은 건 사실입니다.

그럼에도 한국 사회가 종교인들에게 유독 관대한 이유는 뭘까요? 종교가 없는 이들과 신앙인들의 '우리 신부님, 스님, 목사님'에 대한 신뢰와 존경은 확연히 구분됩니다.

과거 불교와 개신교, 가톨릭 등 3대 종교 신자 수를 합치면 전체 인구를 훨씬 넘어선다는 우스개가 있었지만 우리 민족은 전통적으로 종교성이 강한 것으로 알려져 있죠. 특히 종교를 통해 뭔가를 이루려는 기복(祈福)적 신앙관은 종교인에 대한 의존도를 높였습니다. 특정 종교인의 카리스마가 강할수록 공동체 내 권력 관계는 더 강화되기 마련입니다.

남성 성직자 중심의 수직적 관계는 성추문의 쉬운 연결통로가 되기도 합니다. 그래서 눈여겨봐야 할 것이 종단 내 여성의 존엄성과 그 역할입니다. 불행하게도 예외적인 몇 교단을 빼면 주요 종단에서 성 평등은 존재하지 않습니다. 종교계의 유리천장은 교리와 오랜 관습에 따라 그 어느 영역보다 높고 두껍습니다.

최근 발간된 교황청 기관지 '로세르바토레 로마노' 산하의 한 여성 월간지는 수녀들이 고위 성직자들과 지역 교구를 위해 허드렛일로 착취당하고 있다고 고발했습니다. 한 수녀는 "예수님의 눈에는 모두 하느님의 자녀이지만 수녀들의 삶은 그렇지 않아 큰 혼란을 겪는다"고 했습니다.

불교시민단체들이 지난해 조계종 제35대 총무원장 선거를 앞두고 발표한 정책 제안은 성 평등의 길이 얼마나 멀고 험한지를 한눈에 보여줍니다. 이들은 종단 산하에 '성평등위원회'와 '젠더폭력예방센터'를 설치할 것을 주장했습니다. 조계종에서 비구니는 전체 승려의 절반을 웃돌지만 권리는 극히 제한돼 있습니다. 국회 격인 중앙종회의 경우 전체 320석 중 10석만 할당돼 있고, 행정기관인 총무원에서도 일부 역할만 맡을 수 있습니다. 조계종 종헌이 주요 보직의 자격 조건을 '비구로 한다'고 규정하고 있기 때문이죠.

'처염상정(處染常淨)', 진흙 속에서도 청결함을 잃지 않고 관 뚜껑이 닫힐 때까지 경건하게 살아가는 종교인이 많기를 바랍니다. 종교인들이여, 어디로 가시나이까!

2018. 3.

프란치스코 교황이
남기고 간 숙제

프란치스코 교황은 18일 4박 5일의 방한을 마치고 바티칸으로 돌아갔지만 그가 우리 사회에 남긴 울림은 진행형입니다. 교황이 방한 기간 중 내내 사람들에게 다가서고, 눈높이를 맞춰 대화하고, 사람들의 아픔에 공감하는 모습은 충격이었습니다.

왜 충격일까요? 그런 모습이 우리 종교인들에게서는 쉽게 찾아보기 어려워 그런 것 아닌가 합니다. 심지어 종교를 담당하는 기자들조차 한 해 몇 차례를 빼면 고위 성직자들을 만나기 어려우니까요. 평신도와 비신앙인의 경우 TV 화면을 통해 고위 성직자들이 대통령과 식사를 하거나, 중요한 교계 행사에서 근엄한 표정을 짓고 있는 모습을 가끔 보겠죠. 이런 현실에서 세계 가톨릭계 수장인 교황의 낮은 행보는 국내 종교계와는 달라도 너무 다른 모습이었습니다.

교황의 방한은 가톨릭을 포함한 종교계, 특히 고위 성직자들에게 큰 숙제를 남겼습니다. 교황을 향한 환호는 우리 종교인들이 보통 사람들 곁에 있지 못했다는 증거입니다. 냉정히 말해, 그 환호도 가톨릭 자체가 아니라 프란치스코 교황이라는 '슈퍼스타'를 향한 것이긴 합니다. 지금도 교황청은 여기저기서 '물새는 방주'로 비유되고 있으니까요. 바티칸공의회 이후 계속된 개혁에도 불구하고 교황청을 둘러싼 재정 스캔들, 일부 사제들의 아동 성추행, 남성 위주의 폐쇄적인 성직자 시스템을 둘러싼 논란 등 각종 현안에 직면한 것이 가톨릭의 현주소입니다.

교황의 방한을 지켜본 종교인들은 스스로 종교지도자들의 리더십 부재를 무엇보다 큰 아픔이자 그늘로 꼽고 있습니다. 성철 스님이나 한경직 목사, 김수환 추기경처럼 이념과 계층을 뛰어넘어 존경받을 만한 종교 지도자가 보이지 않는다는 겁니다. 일각에서는 열광적으로 지지받지만, 다른 쪽에서는 비난받는 상황이 벌어지고 있습니다. 1970, 80년대에 비해 세상이 다양해졌다는 불가피한 측면도 있지만 그만큼 그분들이 보여준 삶과 언행의 무게중심이 한쪽으로 쏠려 있기 때문입니다.

비천한 여종들의 다툼에 "모두 옳다"며 맞장구를 쳤다는 황희 정승의 고사가 떠오릅니다. 이 시대 종교지도자들에게 무엇보다 필요한 덕목은 황희처럼 큰 귀와 열린 마음 아닐까 합니다.

2014. 8.

03

낙산사에 두고 온 마음

선운사-월정사의
아름다운 동행

"절집 살림도 잘 꾸려가고 초기불전 연구에 노후 복지시설까지 정말 잘하신다고 소문이 자자하죠."(정념 스님)

"전, 스님의 절반, 아니 삼분의 일도 못 따라갑니다."(법만 스님)

10일 서울 조계사 건너편의 한 식당에서 열린 간담회에서는 두 스님의 하심(下心·자신을 낮춤)과 웃음이 끊이지 않았습니다. 대한불교조계종 제4교구 본사 월정사 주지 정념 스님과 제24교구 본사 선운사 주지 법만 스님입니다.

두 사찰은 한국불교학회와 공동으로 18일 낮 12시 서울 종로구 한국불교역사문화기념관 전통문화예술공연장에서 학술대회 '석전과 한암, 한국 불교의 시대정신을 말한다'를 개최했습니다. 교구 본사 두 곳이 공동으로 학술대회를 개최하는 것은 매우 이례적입니다.

다소 생소할 수 있지만 석전 스님(1870~1948)과 한암 스님(1876~1951)은 일제강점기 각각 선(禪)과 교(敎)를 대표했으며 한국 불교의 전통을 지켜 1962년 출범하는 현 조계종의 초석을 다진 것으로 평가받는 인물들입니다.

선운사는 석전 스님, 월정사는 한암 스님과 깊은 인연의 끈을 갖고 있습니다. 박한영이라는 이름으로도 알려진 석전 스님은 두 차례 종정을 지낸 당대 최고의 지식인이고 청담·운허·운성·운기·남곡 스님과 최남선 정인보 이광수 서정주 등이 제자였습니다.

4차례나 종정을 지낸 한암 스님은 1925년 "차라리 천고에 자취를 감추는 학이 될지언정 봄날에 말 잘하는 앵무새 재주는 배우지 않겠다"며 강남 봉은사 조실 자리를 박차고 나왔습니다. 이후 입적할 때까지 27년간 두문불출하며 선 수행에 전념했고 6·25전쟁 때에는 소실될 위기에 빠진 상원사를 지켜내기도 했습니다.

석전과 한암 스님은 머무는 곳이 달라 직접 교류하지는 못했지만 서로를 흠모해온 것으로 알려집니다.

정념 스님의 말입니다. "한암 스님은 제자인 탄허 스님(1913 ~1983)의 학문적 자질이 뛰어난 것을 눈여겨보고 석전 스님 밑에서 공부하라고 보낸다. 하지만 석전 스님은 이미 최고의 선지식에게 배우고 있는데 가르칠 수 없다며 탄허 스님을 다시 돌려보냈다."

월정사 교무를 맡고 있는 자현 스님이 공동 세미나의 산파가 됐습니다. 선운사에서 종종 강의를 하던 스님이 지난해 가을 세미나를 제안해 성사됐습니다.

문중과 학연에 따른 이합집산은 조계종이 지닌 오랜 문제점 중 하나입니다. 사찰의 틀을 넘어선 두 본사의 아름다운 동행은 새로운 시대로 기대할 만합니다.

2014. 4.

“세월호 참사를 알고 있어요. 너무 놀랍고 슬픈 일이에요. 많은 분들이 꼭 살아 가족 품에 안기길 바랍니다.”

24일 오후 서울 청계광장에서 만난 한 베트남 소녀는 세월호 실종자들의 무사귀환을 염원하는 노란 리본들을 만지며 이렇게 말했습니다. 관광을 위해 한국을 찾았다는 이 소녀는 “불교 국가에서 성장해 넋을 위로하고 생명의 소생을 염원하는 한국 사람들의 기도를 잘 이해하고 있다”고 했습니다.

청계천 주변의 전통등 전시회에는 오색등뿐 아니라 백등

150개가 설치돼 있습니다. 불교에서 백등을 켜는 것은 넋을 위로하는 의미죠. 하루 전 열린 점등식에서도 조계종 천태종 태고종 등 한국불교종단협의회에 소속된 종단 책임자들이 참석해 노란 리본을 달고 실종자들의 귀환을 바라는 기도를 올렸습니다.

연등회 봉축위원회는 26, 27일 동국대에서 조계사까지 이어지는 연등 행사를 예정대로 치르되 축제가 아닌 추모의 장으로 진행하겠다고 최근 밝혔습니다. 이 행렬에서는 대형 백등과 생명을 상징하는 홍등에 이어 스님 300여 명이 백등을 켤 계획입니다. 그 뒤 사찰과 불교 단체들도 백등과 다른 등의 순서로 행진합니다.

불교계 일각에서는 세월호 참사가 발생하자 연등행사를 취소해야 한다는 주장이 나오기도 했습니다. 부산과 울산 등 일부 지역은 행사를 취소했고, 다른 지역들은 추모의 뜻을 담아 행사를 축소하기로 했습니다.

연등회보존위원회는 연등회를 둘러싼 논란이 계속되자 최근 홈페이지에 "중요무형문화재 122호인 연등회는 천년을 이어온 우리 고유의 전통이며 즐거우나 괴로우나 실시해 온 우리 민족의 한과 흥이 함께 서린 문화재이며 의례이다. 행복할 때는 축제이지만 올해 같은 힘든 시기에는 넋을 달래고 혼을 기리는 의례 역할을 한다"는 입장을 밝혔습니다.

불교계의 한 관계자는 세월호 참사를 언급하며 "사실상 대한민국이 국상(國喪)을 치르고 있는 것 아니냐"고 했습니다.

실종자 구조를 위해 최선을 다하면서 이제 남은 가족들도 생각해야 할 때입니다. 씻을 수 없는 상처를 안은 유족과 생존자들을 보듬어야 합니다. 말 그대로 종교의 힘이 필요합니다. 수많은 연등에 이 같은 염원이 담기길 바랍니다.

2014. 4.

“국 안의 국자들이 많아요. 남들에게
국 맛을 건네주면서도 자신은 그 속에 푹 빠져 있어 맛을 제
대로 모르는 겁니다.”

12일 서울 종로구 인사동의 한 음식점에서 만난 A 스님은
요즘 세태를 가리키며 이렇게 말했습니다.

문득 자신의 트위터에 “한국 축구 4 대 0으로 가나에 침몰.
축구계의 세월호를 지켜보는 듯한 경기였습니다”라는 글을
올렸다 설화 아닌 ‘트위터 화(禍)’를 당한 소설가 이외수 씨의
일도 떠올랐습니다. 그는 누리꾼들의 비판에 “속수무책으로

침몰했다는 뜻인데 난독증 환자들 참 많군요. 게다가 반 이상이 곤계란들"이라고 반박했지만 곧 백기를 들었죠. 글을 다루는 소설가조차도 그 짧은 글에 무너졌습니다. 트위터나 페이스북 등 소셜네트워크서비스(SNS)의 재빠른 활용이 문명인의 척도가 된 시대의 단면 아닐까 싶습니다. 자신의 몇 마디 글을 여기저기서 퍼서 나르고, 때로 여론이라는 이름으로 포장시켜주는 SNS의 즉각적인 반응과 매력은 현대인들이 거부하기 어려운 유혹입니다.

식사 중에는 조계종 총무원장 선거인단을 기존 320여 명에서 6000명으로 확대하자는 총무원의 선거법 개정안도 화두가 됐습니다. 이 안은 숫자만 보면 크게 달라진 것처럼 보이지만 본질은 놓치고 있습니다. 종단 안팎에서 선거법 개정을 주장하는 이유는 제한된 인원에게만 투표권에 주어지면서 노출되는 금권선거 시비와 선거인단의 권력화를 막자는 것입니다.

"조계종 스님이 1만2000여 명입니다. 이럴 경우 스님들은 투표권 있는 스님과 없는 스님, 두 부류로 나뉘네요. 조계종이 직선제도 못하고, 비구니라는 이유로 선출직조차 개방하지 않는 것을 알면 바깥세상에서 놀랄 겁니다."(A 스님)

수시로 변하는 것이 능사는 아니지만 자신이 속한 그룹이

나 단체의 익숙한 분위기와 주장에만 빠져 있어서는 안 됩니다. 국 밖의 세계와 단절되는 순간, 국자의 '불행'은 시작됩니다. 누구보다 열심히 일했다고 주장할 수 있기에 더 안타까울 수 있습니다.

우리는 언제든 한 가지 맛밖에 모르면서 그 맛을 세상의 전부인 양 착각하는 국 안의 국자가 될 수 있습니다.

2014. 6.

세상 떠난 장애 아들의
뜻 살린 커피전문점

4월 취재를 위해 서울 홍익대 앞 극동방송을 방문했다가 지하의 커피점을 들렀습니다. 특유의 커피향에 여기저기서 대화를 나누는 사람들의 모습은 여느 곳과 다르지 않았습니다.

하지만 커피를 주문하면서 곧 다른 점을 발견했습니다. 장애가 있는 한 젊은이가 활짝 웃으며 주문을 받았습니다. 그리고 보니 커피점 한쪽에는 'HI, MY NAME IS JOE. WHAT IS YOUR NAME?'이라는 문구가 눈에 보였습니다.

이곳은 장애인 고용을 목적으로 설립된 캐나다 사회적 기업 '조스 테이블(Joe's table)' 2호점입니다. 조스 테이블은 자폐

증과 장애 속에 고통을 겪다 세상을 떠난 아들 조를 기리며 캐나다 교포 사업가 정문현 정성자 부부가 마련한 커피전문 점입니다. '안녕(HI)'으로 시작하는 문구는 사람을 만나기만 하면 이렇게 인사하던 조가 입버릇처럼 했던 말이랍니다.

지난해 캐나다 밴쿠버에서 1호점을 연 조스 테이블은 2호점 극동방송점에 이어 21일 서울 반포대로 사랑의 교회에 3호점 문을 연다고 합니다.

정 씨 부부는 "아들 조뿐만 아니라 다른 장애인도 동등한 자격으로 일하고, 동정의 대상이 아닌 전문적 역할을 할 수 있도록 돕고 싶어 사업을 시작하게 됐다"며 "장애인들이 만드는 커피라는 편견에서 벗어나 세계 최고의 커피를 선보이는 곳으로 기억되길 바란다"고 했습니다. 장애인 재활과 직업 훈련을 돕는 사랑의 복지재단에서 훈련 받은 장애인 직원들이 이곳에서 일하고 있습니다.

서울 송파구 마천로를 비롯해 전국 8곳에 있는 '굿윌 스토어'도 장애인들이 일하는 대표적인 곳 입니다. 이곳에서는 기증 받거나 장애인들이 만든 상품들을 저렴한 가격에 팔고 있습니다. 마천로점의 경우 장애인 60여 명이 일하면서 돈을 벌고 있다고 하네요. 8월에는 전북 전주에 굿윌 스토어 매장이

들어선다고 합니다.

"장애인들에게 일을 주는 것은 새 생명을 주는 겁니다. 개인뿐 아니라 가족을 살리는 일입니다. 아무리 교육을 받아도 사회에서 일을 주지 않으면 소용없습니다." 1990년대부터 장애인 교육과 복지를 위해 노력해 온 홍정길 밀알복지재단 이사장의 절박한 말입니다.

전문가들은 장애인 교육이 학교라는 공간에서 끝나서는 안 된다고 지적합니다. 교육 받은 뒤 일을 할 수 없다면, 장애인과 그 가족이 겪는 좌절과 고통은 비장애인과 같다는 거죠.

조스 테이블이나 굿윌 스토어는 종교계가 장애인들의 사회 활동을 위해 적극적으로 나선 모범적 사례입니다. 지금보다는 더 자주, 그리고 자연스럽게 장애인 젊은이들의 웃음과 인사를 만날 수 있기를 바랍니다.

2014. 6.

낙산사에
두고 온 마음

14일 강원도 양양 낙산사를 다시 찾았습니다.

햇볕은 아직 뜨거웠지만 낙산사는 여전했습니다. 초입의 홍예문과 해수관음상, 바람과 어우러지는 푸른 바다 모두 그대로였습니다.

2011년 이후 3년 만의 발길이었습니다. 그때는 낙산사 동종과 원통보전을 잿더미로 만든 2005년 화재 뒤 복원사업을 책임진 정념 스님과 시집 '밥값'에 실린 '나는 아직 낙산사에 가지 못한다'로 공초문학상을 수상한 정호승 시인과 동행했죠.

당시 낙산사는 화재 뒤 6년이 흘렀지만 그 상처가 곳곳에 남아 있었습니다. 불에 그을린 흔적이 역력한 고목과 노송의 자리를 대신하기에는 턱없이 부족한 여린 나무, 세월의 이끼를 느낄 수 없는 새 전각…. 정념 스님은 "아무리 복원을 잘해도 죄인이라는 마음으로 산다", 정 시인은 "이제 낙산사에서 두고 온 마음을 찾고 간다"고 했습니다. 시인의 그 마음은 스스로를 귀하게 여기지 못했던 그 자신이었습니다.

저는 낙산사를 지켜보면서 한 가지를 두고 왔습니다. 그것은 마음 한구석에 남아 있던 노파심입니다.

올 3월 해수관음상 인근 야산에서 불이 나 1시간여 만에 진화됐습니다. 정념 스님을 도와 복원 작업에 참여했던 낙산사 총무 무문 스님은 차담을 나누다 몇 달 전 화재를 떠올리며 가슴을 쓸어내렸습니다. "낙산사에 살면 작은 불씨 하나만 봐도 마음이 철렁 내려앉습니다. 다행하게도 바람이 바다 쪽으로 불어 우려할 만한 상황은 없었습니다. 하지만 2005년에도 화재 진압이 끝났다고 생각했지만 불티가 다시 큰 화재로 이어졌으니, 며칠간 마음을 놓을 수가 없었습니다."

화재의 기억은 낙산사 사람들을 더욱 철저하게 만들었습니다. 사람이 다니는 길뿐 아니라 바람길까지 공부하게 됐다는 정념 스님의 말처럼 이곳 사람들은 복원과 각종 불사(佛事) 때에도 불과 바람을 가장 중요한 요건으로 고려하게 됐습니다.

낙산사 화재는 불교계뿐 아니라 우리 모두에게 큰 상처이자 아픔이었습니다. 하지만 차츰 제자리를 찾아가는 낙산사의 모습은 그 상처를 극복할 수 있다는 가능성을 보여줍니다. 물론 몇몇 스님과 종무원들의 몫이 아니라 사찰을 찾는 모든 이들이 지켜나가야 할 낙산사입니다.

가을, 낙산사를 찾으시죠. 그리고 '몸'(몸과 마음) 속에 남아 있던 무언가를 찾거나 두고 오시면 어떨까요.

2014. 9.

종교를 초월한
'프란치스코 효과'

　　"올해는 가톨릭의 해죠." "홍보가 필요 없겠어요. 가톨릭 최고의 브랜드는 프란치스코 교황이죠."

　　며칠 전 서울 인사동의 한 식당에서 개신교와 가톨릭, 불교, 원불교 홍보 담당자들과 조촐한 저녁 식사 모임이 있었습니다. 소속 종단은 다르지만 일선 실무자들이 종교 간 대화를 나누는 뜻깊은 자리다. 이날 모임의 화두는 단연 가톨릭과 프란치스코 교황이었습니다.

　　종교 지도자에게 적합한 표현은 아닐 수도 있지만 시쳇말로 프란치스코 교황의 인기는 상상을 초월합니다. 한 참석자는 "'KFC 할아버지'처럼 친근하게 웃고, 어려운 이들의 손을 잡아 주니 어떻게 마음이 안 끌리겠냐"고 했습니다.

프란치스코 교황의 어록에 이어 사목방침을 다룬 '복음의 기쁨'도 큰 반응을 얻고 있습니다. 천주교주교회의에 따르면 이 책은 2월 출간 이후 2만 부 이상 판매됐습니다. 교황과 관련한 문헌들의 평균 판매량이 3000~4000부라는 것을 감안하면 폭발적 인기라는 설명입니다.

프란치스코 효과는 27일 로마 바티칸에서 가톨릭 역사상 최초로 동시에 시성(諡聖)되는 요한 23세와 요한 바오로 2세 등 다른 교황에 대한 관심을 높이면서 가톨릭 전반에 대해 긍정적 이미지를 만들고 있습니다.

가톨릭출판사는 최근 '요한 23세 성인 교황' '요한 바오로 2세 성인 교황' 등 두 교황과 관련한 책을 5종이나 출시했습니다.

종교 지도자들과 대중문화계 스타의 인기는 성격이 다르죠. 하지만 그 인기가 특정 종교에 엄청난 긍정적 또는 부정적 이미지를 초래한다는 점은 눈여겨봐야 합니다. 국민적 존경을 받은 김수환 추기경이나 입적 당시 수많은 추모 인파가 몰렸던 성철 스님은 각각 가톨릭과 불교의 큰 자부심이었습니다. 프란치스코 교황과 이들 삶의 공통점은 종교적 열정과 가난한 삶, 고통 받는 이들에 대한 깊은 연민입니다.

특정 종교를 뛰어넘은 존경과 사랑은 의도적으로 만들어지는 것이 아닙니다. 세상이 이들의 삶에 자연스럽게 끌린 거죠. 과장하면 이런 지도자를 갖지 못한 종교는 불행합니다. 홍보 담당자들의 고민도 더 깊어지겠죠.

2014. 4.

연말연시 '까~똑~' 하는 소리에 여러 차례 놀라곤 했습니다.

늦은 밤 눈꺼풀이 천근만근일 때 찾아오는 그 소리는 성가신 불청객입니다. 급한 일은 아니겠지 하면서도 혹시나 하는 걱정 끝에 머리맡을 더듬어 전화를 들어 확인합니다. '근하신년', 아 여러 사람에게 동시에 보낸 듯한 휴대전화 연하장입니다. 순간 고마운 마음보다는 맥이 빠집니다.

그렇지만 반가운 답신도 있었습니다. 이해인 수녀께서 보낸 문자가 그랬습니다. 지난해 여러 일로 도와주신 게 기억나 새해 인사를 보냈더니 답신이 왔더군요. 그리고 한쪽에는 최근 쓰신 '새해에는, 친구야!'라는 제목의 동시가 있습니다. 시는 '웃음소리가 해를 닮은 나의 친구야…'로 시작합니다. 전, 이 구절이 좋았습니다. "…푸른 풀밭 위 하얀 양들처럼 선하고 온유한 눈빛으로 더 많은 이들을 돕고, 이해하고, 용서하고, 사랑하자"

동시 옆에는 '프란치스코 교황님의 새해 결심 10가지'도 적혀 있었습니다. '험담하지 마십시오, 음식을 남기지 마십시오, 다른 사람을 위하여 시간을 내십시오, …기쁘게 사십시오.'

잠시 동시를 따라 읽고, 교황의 결심도 다시 들여다봅니다. 속으로 이 정도면 한 번 따라 할 수 있지 않을까 하는 생각도 하면서.

연말에 인터뷰 때문에 만난 혜민 스님은 책과 강연, 소셜네트워크서비스(SNS)를 통해 많은 분들께 영향을 끼치는 분입니다. 거꾸로 영향 받은 세 분을 꼽아 달라고 했습니다. 스님은 어머니와 은사인 휘광 스님, 그리고 최근엔 프란치스코 교황이라고 하더군요. 불교 수행자인 스님이 종교에 개의치 않고 교황을 꼽은 것이 조금 놀랍고 신선했습니다. 다른 종교나 종교인에 대해 언급하지 않는 풍토가 강하기에 더욱 그랬습니다. 그러면서 스님은 높은 곳에 있을수록 자신을 낮추는 게 힘든데, 이를 실천할 수 있으면 사회적으로 큰 울림을 얻을 수 있다고 했습니다. 그 대표적 사례가 교황이라는 거죠.

이른바 '프란치스코 교황 10계명'의 매력은 범인에게서 너무 멀게 있지 않은 평범함에 있습니다. 예외 없는 완벽한 실천은 어려워도 그중 몇 가지는 가능한 것 아닐까요?

혜민 스님의 행복론도 거창하지 않았습니다. 불가의 오랜 가르침이지만 한마디로 미래의 행복 때문에 현재의 행복을 포기하지 말라는 얘기입니다.

당나라 선승 운문 스님은 일찍이 '일일시호일(日日是好日)', 날마다 좋은 날이라 했죠. 진정한 행복은 멀리 있는 게 아니라 무심코 흘려보내는 그 하잘것없는 하루하루, 바로 그 속에 들어 있다는 거죠. 원불교에서는 한술 더 떠 날마다 생일, 일일시생일(日日是生日)로 지내야 한다고도 하네요.

한국인들의 심성에는 목표와 꿈, 현실과 미래, 그 밑바닥에는 한(恨)과 절치부심 등 미래형의 '센' 단어들이 익숙합니다. 비장미가 넘치죠. 그러나 재미와 편안함이 빠진 하드보일드 액션만으로 수십 년의 '인생 드라마'를 끌고 갈 수 있을까요. 주인공이나 지켜보는 관객 모두 쉽지 않은 일입니다.

올 한 해, 날마다 생일까지는 아니더라도, 일일일소(一日一笑)의 즐거움을 찾아가면 어떨까요.

2015. 1.

제대로 '꼴값'하는
성직자를 만나려면…

국내 7대 종단 협의체인 한국종교인 평화회의를 중심으로 최근 '답게 살기 운동'이 펼쳐지고 있습니다. 성직자뿐 아니라 평신도 대표들의 결의도 이어지고 있습니다.

흥미로운 표현도 있습니다. "아침에 식사를 하면서 우리 신부님들과 '답게 살기'라는 말이 도대체 뭐냐는 얘기를 나눴습니다. 꼴값이란 말이 너무 비하돼 쓰지 못하는 것 아니냐. (하지만) 자기 분수, 자기 꼴에 대해 제대로 값을 하는 게 '답게 살기'의 정확한 뜻 아니냐."

8일 천주교 서울대교구 평신도사도직단체협의회의 답게 살기 운동 선포식에서 나온 조규만 주교의 해석입니다. 조 주교의 말처럼 꼴값의 사전적 의미는 '얼굴값'을 속되게 이르는 말입니다.

오죽하면 답게 살기 운동까지 벌어질까 하는 생각도 해 봅니다. 스님과 신부, 목사…. 종교 담당 기자이기에 이런 분들을 자주 접할 수밖에 없습니다.

몇 해 전 경상도에 있는 큰 절의 주지 스님을 만나러 갔을 때의 일입니다. 여러 보살님(여성 신도)들과 함께 식사를 하던 중 제 입에서 주지 스님의 법명이 언급되자 자리 분위기가 묘하게 바뀌었습니다. 왜 왔느냐, 어떻게 주지 스님을 아느냐 등의 질문이 이어지다 한번 만나게 해 줄 수 있냐는 곤란한 부탁도 있었습니다.

사찰뿐 아니라 성당과 교회에서도 정도의 차이는 있지만 비슷한 경험을 했습니다. 가까운 신부와의 인연으로 모임에 참석했다는 이유로 이른바 상석에 앉아 갖은 호사를 누리게 됩니다. "남편에게도 주지 않는데 신부님을 위해 특별히 챙겼다"는 술까지 나오더군요.

개신교의 경우 기자들의 출입이 까다롭습니다. 특히 대형 교회는 기업이 아니면서도 홍보실 또는 비서실에 여러 번 전화를 걸어야 담임 목사와의 만남이 가능합니다. 하지만 어려움은 여기까지입니다. 일단 만남이 성사되면 담임 목사와 같이 있고, 대화를 나눈다는 이유만으로 부러워하는 신자들의 시선을 느끼게 됩니다.

요즘 종교인들만큼 엇갈리는 평가를 받고 있는 경우도 드물죠. 신뢰도나 평판이 나빠지고 있다고는 하지만 특정 공동체에서 이들은 아직도 절대적인 권위와 존경의 대상입니다.

작은 나뭇가지를 나무 전체로 보는 우를 범할 필요는 없겠습니다. 하지만 많은 권한과 힘이 주어져 있지만 사회적으로 볼 때 보통 사람들의 기준에도 못 미치는 도덕성과 행태로 물의를 빚는 이들도 있습니다.

성직자들은 신앙적인 영역에서 평신자들을 이끌 수 있지만 '완전체'는 아닙니다. 역설적으로 이들이 바로 서기 위해서는 평신자들의 도움과 비판이 필요합니다. 특히 성직자에게 지나치게 많은 권위를 부여하는 우리 풍토에서는 눈높이의 대화가 빠져서는 안 됩니다. 그래야 조 주교의 표현을 빌리면 '제대로 꼴값하는 성직자들을 만날 수 있습니다'.

2015. 4.

밥값,
난 언제쯤 제대로 할까?

'산은 산이요, 물은 물이로다'는 화두로 잘 알려진 성철 스님(1912~1993)의 백일법문이 증보판으로 새 옷을 입었습니다. 1992년 첫 출간 때 빠졌던 내용을 보완해 스님의 육성을 충실하게 담았다는 설명입니다.

11일 성철 스님의 상좌인 원택 스님이 참석한 간담회는 책도 책이거니와 책에 얽힌 노장들의 사연이 흥미로웠습니다. 연세대 정치외교학과를 졸업한 스님은 1972년 출가해 22년간 성철 스님을 시봉했습니다.

알려진 대로 책은 1967년 성철 스님이 해인사 방장에 추대된 뒤 100일간 설법한 내용을 옮긴 것입니다. 하지만 스님의 육성이 책으로 남기까지 사연이 적지 않습니다. 제자들이 녹음하려고 하자 스님은 "쓸데없는 일 한다"며 호통을 쳤다네요. 그래도 그냥 사라지는 것이 아까워 스승의 눈을 피해 맏상좌 천제 스님 등 몇 사람이 '도둑 녹음'을 했고, 이는 결국 불교계를 대표하는 책으로 남게 됐습니다.

왜 성철 스님의 불호령이 떨어졌을까요? "깊이를 추구한 '본지풍광' '선문정로'가 나올 때는 노장께서 스스로 '나 이제, 밥 값 했다'고 하셨죠. 하지만 백일법문은 후학들에게 불교의 정수를 쉽게 전달하려고 시작한 '방편(수단)' 법문이어서 초기에 굳이 남기는 것을 탐탁지 않게 여긴 듯합니다."(원택 스님)

간담회에서는 법정 스님에 얽힌 일화도 나왔습니다. '백일법문'에는 언급이 없지만 실제 녹음테이프에는 법문을 듣던 법정 스님의 질문이 자주 나온다고 하네요.

법정 스님은 '본지풍광' '선문정로' 출판 과정에 관여하기도 했습니다. 성철 스님은 책 출간을 앞두고 "문장은 법정 스님이 최고니 원고를 보내 글을 다듬어 달라고 부탁하라"고 했답니다. 이에 법정 스님은 "받침 하나도 그 사람 성격을 보여준다. 더구나 내가 어떻게 큰스님 책을 손대겠느냐"면서도 "그래도 큰스님 부탁이니 보겠다"고 했답니다. 그 작업이 끝난 뒤 법정 스님은 원택 스님에게 "책을 사 주변에 나눠주는 '법보시(法布施)' 하지 말고 꼭 정가를 붙여 서점에 내 놓으라"고 신신 당부했답니다.

성철 스님의 반응이 궁금하지요?

"니, 나 보고 책 팔아먹으란 말인가."(성철 스님)
"법정 스님 말은 그게 아니라 정가를 붙여야 사람들도 책을 귀하게 여기고, 그래야 오래 간다는 말 아닐까요."(원택 스님)
"오래 간다…."(성철 스님)

내심 불호령을 걱정했던 원택 스님은 처음에 버럭 하다 수그러진 노장의 반응을 승낙으로 여겨 책에 정가를 붙이는 데 성공했답니다.

원택 스님의 시봉 노하우는 이렇습니다. "노장을 대할 때 야구로 치면 홈런을 기대하면 안 돼요. 이렇게 해야 한다는 식으로 하면 홈런은커녕 뺨 맞기 십상이고…. 조심스럽게 운을 떼고, 별 반응 없으면 성공, 안타죠. 하하".

귀한 책의 또 다른 조건은 보이지 않는 여러 사람의 공덕 아닌가 합니다. "노장 말처럼 저도 나이 칠십에 밥값 했다"는 원택 스님의 말이 귀에 남습니다.

2014. 11.

　　　　　빨간 세 다리 냄비 걸이와 냄비 모양의
모금통, 제복을 입은 구세군 사관의 '댕그렁 댕그렁' 하는 손
종소리…. 매서운 찬바람과 함께 구세군 자선냄비가 다시 등
장했습니다. 이 무렵 익숙한 겨울 풍경이 됐죠.

　'1894년 미국 샌프란시스코 근교 해안에 표착(漂着)한 난파
선 생존자를 위한 모금에서 한 구세군 여사관(女士官)의 아이
디어로 자선냄비를 사용했던 것이 그 시초이다. …한국에서
는 1928년에 시작돼 매년 실시되고 있다.'

　여기까지는 저도 그렇고 많은 분들이 아는 자선냄비의 유
래죠. 그런데 며칠 전 가까운 구세군 사관과 통화하다 뜻밖

낙산사에 두고 온 마음　　　　　　　　　　　　　　　　　167

의 사실을 듣게 됐습니다. 그분은 "구세군인 저도 잘 모르는 구세군 역사였는데 최근 알게 됐다"며 몇 가지 사실을 전하더군요.

일제강점기이던 1943년부터 광복 이후인 1946년까지 자선냄비는 거리에서 사라졌습니다. 막바지 식민통치를 강화한 총독부는 조선 내 종교계에도 신사 참배를 강요하면서 여러 개신교단을 하나로 묶으려고 했습니다. 이 과정에서 세계 공통인 구세군(Salvation Army·救世軍)은 구세단이라는 이름으로 바뀌게 됐습니다. 종교단체가 군(軍)이라는 명칭을 쓰는 것을 못마땅하게 여겼다는 이유도 있습니다.

이에 발끈한 세계구세군본부는 구세군이 아닌, 구세단의 자선냄비를 허용하지 않아 거리모금도 할 수 없게 된 거죠. 광복 이후 다시 명칭을 복원하고 세계본부를 설득한 1947년에야 자선냄비는 재개됐습니다. 1936년 전국적인 물난리 때 일제의 모금 승인이 나지 않았을 때조차 사령관이 각 구세군 교회에 개인모금을 요청해 어려운 이웃을 도왔던 구세군으로선 안타까운 역사입니다.

반면 6·25전쟁 와중에도 자선냄비는 모습을 보였습니다. 구세군 통계에 따르면 1950, 1951년에는 부산을 중심으로 자선냄비 활동이 이루어져 당시 화폐 기준으로 50년 3000원, 51년 3421원을 모금해 피란민을 도왔다는 기록이 있습니다.

1952년에는 특이하게도 자선냄비가 '구세군자선鍋운동'이라는 이름으로 거리에 등장했다고 하네요. 이 한자를 찾아보니 '솥 과'라고 돼 있으니, 그해만은 자선냄비가 '자선 솥'이 된 것 아닌가 합니다.

돌이켜보니 저도 길을 가다 문득 멈춰 자선냄비를 가리키며 아들의 고사리손을 빌려 작은 정성을 보태곤 하던 기억이 있습니다. 쭈뼛하던 놈은 망설이다 슬금슬금 다녀온 뒤 수줍은 얼굴로 웃더군요. 이제 추억이 됐네요.

매년 자선냄비는 얼굴도 모르는 수많은 분들의 마음이 모이는 기적의 마술램프가 됩니다. 올해도 그 사랑의 마법을 함께 기다리겠습니다.

2014. 12.

1724명의 새 신자를
탄생시킨 힘

　　　　　　　10일 서울성모병원 로비에서는
이례적인 모습이 연출됐습니다.

　이날 가톨릭학원 산하 기관 교직원 및 임직원 1724명에 대
한 세례식이 거행됐습니다. 한국 가톨릭교회 사상 단일 규모
로는 가장 많은 새 신자가 탄생했다고 하네요. 지방 작은 교
구의 한 해 세례자를 웃도는 수입니다.

　이 기록의 주역은 2010년 가톨릭학원 교구장 대리로 부임
한 박신언 몬시뇰입니다. "어항 속에 있는 고기도 못 잡으면서
고기를 잡겠다며 바다로 나가는 것은 모순"이라는 그의 지론
과 열정이 결실을 본 셈입니다. 그렇지만 인터뷰 요청은 한사

코 마다했습니다. 박 몬시뇰이 "8월 한국을 찾은 프란치스코 교황님이 미신자들에게 좋은 영향을 주신 것 같다"며 공을 돌렸다는 게 주변의 전언입니다.

아직 정확한 통계는 나오지 않았지만 교황 방한 이후 명동 대성당을 비롯한 각 본당에서도 신자가 적지 않게 늘어났다는 것이 서울대교구의 설명입니다.

최근 스리랑카와 필리핀 방문을 마친 교황의 행보도 많은 화제를 낳았습니다. "많은 아이들이 부모에게 버림받고 마약과 매춘의 길로 빠진다. 하느님께선 왜 죄 없는 아이들을 이렇게 내버려 두시는지 모르겠다"는 한 아이의 말에 교황은 거의 눈물을 떨어뜨릴 뻔했다고 하네요.

교황의 필리핀 방문 중에는 충북 음성 꽃동네와의 인연도 계속됐습니다. 오웅진 신부와 함께 현지를 방문한 윤시몬 수녀에 따르면 지난해 8월 16일 교황이 꽃동네를 찾았을 때 "필리핀에서 다시 만나자"고 했다고 하네요. 17일 레이테 섬 팔로시에서 진행된 필리핀 꽃동네 축복식을 염두에 둔 말이었습니다.

필리핀 꽃동네에는 사연이 있습니다. 2013년 필리핀을 강타한 태풍으로 큰 피해를 입자 교황은 "교회 고치는 데 쓰지 말고 사람 구하는 데 쓰라”며 지원금을 보냈습니다. 필리핀 정부는 이 지원금으로 보육원과 양로원, 진료소 등을 세웠습니다. 하지만 복지시설에 대한 전문가가 없고 운영 능력이 부족해 위탁 운영자를 찾다 결국 꽃동네가 시설 운영을 맡게 됐습니다. 이 시설의 이름도 교황의 이름을 따서 프란치스코센터로 정해졌습니다.

“축복식은 현지 기상 악화로 교황님 일정이 4시간이나 앞당겨져 약식으로 치러졌어요. 그래도 신부님과 인사 나누고 가난한 이들을 위한 섬김을 당부하셨어요.”(윤 수녀)

나비의 날갯짓처럼 작은 변화가 폭풍우 같은 커다란 변화를 일으킨다는 나비효과라는 말이 있습니다. 사랑과 자비의 나비효과는 어떨까요.

2015. 1.

31일 오전 천도교의 지인을 통해 자료 하나를 받았습니다.

남과 북의 천도교인이 지난달 30일 개성에서 실무회담을 갖고, 9월 18일을 즈음해 동학농민혁명 120주년 남북공동사업을 북측 지역에서 개최하기로 합의했다는 내용입니다. 10월 11일 서울에서 개최되는 기념식 및 문화제에도 북측 천도교인과 동학(東學)농민군 후손을 초청하기로 했답니다.

지인에 따르면 두 날짜에는 사연이 있습니다. 9월 18일(1894년)은 동학 2대 교주인 최시형이 전국 동학 조직에 봉기를 의미하는, 총 기포령(起包令)을 내린 날입니다. 이날을 양력으로 바꾸면 10월 11일이 됩니다.

1860년 최제우가 창시한 동학은 천주교로 상징되는 서학(西學)에 맞서 동쪽 나라인 우리나라의 도를 일으킨다는 뜻에서 붙인 명칭으로 1905년 천도교로 개칭하게 됩니다. 동학이 이끈 동학농민혁명의 희생자는 30만~40만 명으로 추산됩니다.

오랜만에 만나는 동학이란 단어는 서학으로 불린 가톨릭과 프란치스코 교황의 방한으로 연결됩니다. 현재 천도교 신자는 10만 명 안팎으로 추산됩니다. 반면 가톨릭은 500만 명이 넘는 신자로 국내 3대 종단의 하나가 됐습니다.

일제강점기까지 천도교는 최대 종단이었습니다. 정확한 기록은 확인이 어렵지만 "1926년 동아일보가 당시 인구 2000만 중 200만 명이 천도교인으로 최대 종교였다고 보도했다"는 게 천도교의 설명입니다. 대한불교조계종이 펴낸 '조계종사 근현대편'은 1929년 불교와 개신교 신자 수를 각각 16만9000여 명과 30만6000여 명으로 기록하고 있습니다.

천도교의 급격한 쇠퇴는 종교사에서도 드문 사례인데 도대체 무슨 일이 있었던 걸까요? 종교학자들은 동학과 천도교로 이어지는 일제의 집중적인 탄압을 가장 큰 이유로 꼽습니다.

광복 이후 개신교가 근대화의 상징이 된 반면 세상의 변화에 대응하지 못한 천도교 내부의 문제도 지적됩니다. 종단 최고 지도자인 교령 최덕신이 1976년, 오익제가 1997년 월북해 격랑에 휩싸이기도 합니다.

동학이 세상에 나온 지 150여 년, 세상은 상전벽해(桑田碧海)가 됐습니다. 천도교는 과거 그 어느 종교보다도 나랏일을 돕고 백성을 편안하게 하는, 보국안민(輔國安民)을 위해 노력해 왔습니다. 남과 북의 만남을 계기로 새로운 천도교를 기대합니다.

2014. 8.

최근 불교계 뉴스를 둘러보다 한 광고에 눈길이 멈췄습니다. '공양주(供養主) 보살을 구한다'는 내용입니다. 공양주 보살은 사찰이나 규모가 작은 암자에서 음식을 만들어주는 분이죠. 큰 절에서는 이분들을 만나기 어렵지만 암자의 경우 손수 음식을 내오는 경우도 있어 짧은 대화도 나누게 됩니다. 언젠가 60대 보살에게 "절집 생활이 외롭거나 힘들지 않으냐"고 묻자 "그래도 여기가 맘이 편하다. 부처님 떠나 있으면 몸도 마음도 불편하다"는 답을 들은 기억이 있습니다. 공양주 보살 중에는 절집 음식을 책임지면서 수행도 하는 분이 적지 않습니다. 손맛뿐 아니라 촌철살인(寸鐵殺人)의 입담을 지닌 보살에 관한 일화도 전해집니다.

그런데 요즘 세상이 바뀌면서 공양주 보살을 구하기 어려워

176

진 모양입니다. 몇몇 스님들에게 귀동냥을 하니, 규모가 있는 사찰의 공양주 보살은 한 달에 100만~150만 원 정도를 받는다고 하네요. 기거하는 이가 서너 명밖에 안되는 암자는 보수라는 개념 자체가 없는 경우도 있습니다.

절집에서 만나는 '공양게(供養偈)'는 종교를 떠나 한번쯤 음미해 볼 만한 내용입니다. '이 음식이 어디서 왔는고 / 내 덕행으로는 받기가 부끄럽네 / 마음의 온갖 허물을 모두 버리고 / 육신을 지탱하는 약으로 알아 / 도업을 이루고자 이 공양을 받습니다.'

기독교로 치면 일종의 식사 전 기도죠. 평소처럼 무심코 수저를 들다 이 구절을 보면서 정신이 번쩍 들었던 적도 있습니다. 네 눈앞 이 음식이 얼마나 소중한 것인지 아느냐! 이 음식을 먹을 만큼 밥값은 하며 살고 있느냐! 공양주 보살 또는 누군가의 불호령처럼 들렸습니다.

망각의 인간인지라 그 기억은 차츰 사라졌습니다. 그러다 5년 전 제대로 밥값하고 있느냐는 '죽비'가 다시 어깨에 딱 소리를 내며 떨어졌습니다.

정호승 시인의 시 '밥값'입니다. '어머니 / 아무래도 제가 지옥에 한번 다녀오겠습니다 / 아무리 멀어도 / 아침에 출근하듯이 갔다가 / 저녁에 퇴근하듯이 다녀오겠습니다 / … / 지옥도 사람 사는 곳이겠지요 / 지금이라도 밥값을 하러 지옥에 가면 / 비로소 제가 인간이 될 수 있을 겁니다'

한 구절 한 구절 꼭꼭 씹었습니다. 밥값 때문에 지옥까지 갔다 와야 하느냐는 불만도 있었지만 마음속에 공명의 동심원이 퍼졌습니다. 중년이라면 쉽게 다가오는 지난 삶에 대한 반성이겠죠. 아, 그래 밥값도 제대로 못하고 또 허송세월했구나, 이런 자책도 따라왔습니다.

얼마 전 안부도 전할 겸 전화로 정 시인에게 "요즘 밥값은 하시느냐"고 물었더니 "나야 좋은 시 쓰는 게 밥값인데, 아직 먼 것 같아요. 하지만 밥값 다하고 사는 사람 어디 있겠어요? 그래도 하는 시늉은 해야죠"라고 하더군요. 순간, 마음 한구석에 엉큼한 안도의 미소가 번지더군요, 저만 밥값 못하고 사는 게 아니라는.

가깝게 지내는 한 스님이 귀띔하더군요. 전남 순천 송광사 공양간을 오랫동안 책임지고 있는 고흥댁의 음식과 말솜씨가 일품이라고요. 여름 가기 전 송광사를 찾아 밥값의 지혜를 청하려고 합니다.

2015. 8.

'작은 스님'이
보고싶다

최근 출간된 종교 서적 중 관심이 가는 책이 있었습니다.

오랫동안 근대 불교사 연구에 열정을 기울여 온 동국대 김광식 교수의 '우리 시대의 큰스님'입니다. 특히 '큰스님'이라는 세 글자에 눈길이 가더군요. 한국 불교는 물론이고 우리 정신사에 영향을 끼쳤다는 기준 속에 고승 31명의 삶이 조명됐습니다.

경허, 만공, 혜월, 한암, 탄허, 용성, 동산, 경봉, 효봉 스님…. 1800년대 중반부터 1900년대 중반까지 주로 활동한 분이 많습니다. 30년 안팎으로 거슬러 올라가 사람들에게 비교적 친숙한 분들로는 청담 성철 서암 광덕 스님이 꼽혀 있습니다.

어쩔 수 없는 의문이 생깁니다. 왜 현재와 가까워질수록 법명만 들어도 배움을 청하고 싶은 스님들이 드물어질까요? 이따금 절집에 가면 도처에서 큰스님 소리를 듣는데 말이죠. 현재의 인물이기에 그 평가가 불가피하게 냉정해진다는 이치를 감안해도 정말로 고개가 숙여지는 스님은 드문 게 요즘 현실입니다.

거의 실시간으로 전해지는 불교계 뉴스를 보면 난장판이 따로 없습니다. 주지 자리부터 종단의 주요 소임을 둘러싼 갈등이 끊이질 않습니다. 큰스님들은 큰스님들끼리 하루가 멀다 하고 다투고, 파당을 이뤄 바람 잘 날이 없습니다. 정치판과 다를 게 없죠.

'포난사음욕 기한발도심(飽煖思淫慾 飢寒發道心)'이란 구절이 이런 상황을 설명할 수 있는 것 아닐까 합니다. 배부르고 따뜻하면 음탕한 욕구가 떠오르고, 주리고 추우면 도심이 일어난다는 거죠.

큰스님들이 몰려 있는 서울과 달리 충북 청원에는 '작은 스님'도 있습니다. 가끔 전화를 걸어 스님에게 글을 부탁하면 "농사일 때문에 바쁜데. 나보다 잘 쓰는 스님 많은데…"라며 예의 고집을 피웁니다. 그러면 '이럴 수 있느냐'며 과거 인연을 들먹이고, 다시 '이번만'이라는 읍소로 원고 약속을 받아내곤 했습니다.

어쨌든 뻔한 제 '수'가 통하는 걸 보면 먼 사이는 아닌 듯하죠. 지난해에는 '작은 암자에는 작은 스님이 산다'는 제목의 스님 책을 손에 쥐고 스님답다며 빙그레 웃었습니다. 그 며칠 뒤 스님이 있는 마야사로 내려가 차담을 나눈 적이 있습니다. 현진 스님입니다. 그때 작은 스님을 주제로 이런 대화를 나눈 기억이 납니다.

"원래 안 크신 줄 아는데, 새삼스럽게 작은 스님 타령이신지." "그래 원래 작아요. 그런데 세상에 큰스님이 너무 많아서."(스님) "좀 삐딱한 느낌이시다." "글쎄, 그럴지도. 후후. 그런데 작게 사는 게 맞는 것 같아요."(스님)

작은 것으로 치면 해인사 승가대학장으로 있는 원철 스님도 둘째가라면 서러워할 것 같습니다. 조계종 총무원에서 여러 소임을 맡던 스님은 몇 해 전 홀연 모든 것을 버리고 해인사로 떠났습니다. 스님이 기거하던 작은 방이 기억에 선합니다. 책 몇 권을 빼면 장식이 거의 없는 소박한 거처였죠. "서울 일 다 버리고 왔는데 결국 승가대학장이네요?"라고 묻자 스님

은 "다 내려놔야 하는데…. 그렇다고 공밥 먹을 순 없죠. 밥값
이죠"라고 하더군요.

손수 원두를 갈아 내린 커피와 작은 스님의 향기가 가득했
습니다. 작은 스님들이 보고 싶습니다.

2015. 9.

축구는 어느 종단이 가장 잘 할까요?

3일 서울 잠실종합운동장 보조경기장에서 화해와 평화를 기원하는 4대 종단(불교, 천주교, 개신교, 원불교) 성직자 축구대회가 열렸습니다. 토너먼트 방식으로 진행된 경기에서 불교가 천주교를, 원불교가 개신교를 각각 누르고 결승에 진출했습니다. 결승에서는 원불교가 '맏형'격인 불교를 2-0으로 이겨 우승을 차지했습니다. 국가대표처럼 최정예를 선발한 것이 아니고, 결과론이지만 어쨌든 원불교가 축구 실력은 최강인 것으로 드러났습니다.

이 대회는 2002년 월드컵 성공 개최를 기원하며 시작됐습니다. 이후 해마다 열리며 종교인들이 심신을 단련하고 우의를 돈독히 하는 화합의 장이 됐습니다.

"원불교 축구가 좀 세긴 세죠. 사실 이번 팀은 전국 선발이 아니라 서울교구 중심이었는데 우승까지 했네요. 브라질이 월드컵대회의 쥘리메컵을 영구적으로 가져간 것처럼 우리도 이미 최초로 3회 우승을 달성해 대회 첫 트로피를 소장하고 있죠. 하하."(정인성 원불교 문화사회부장)

첫 대회부터 단골 멤버로 출전해온 불교팀 주장 지담 스님(홍천 백락사 주지)은 경기에 앞서 "지난해 첫 경기에 패해 4위를 했다. 오늘은 꼭 우승하겠다"고 다짐했지만 준우승에 그쳤습니다.

과거에도 축구대회가 있었나 봅니다. 흥미로운 기록이 눈에 띕니다. 1974년 11월 5일자 동아일보 1면 횡설수설 코너에서는 종교인들의 축구대회를 이렇게 묘사하고 있습니다.

"'스포오츠를 통해 종교 간의 반목과 대립을 없애자'는 슬로우건을 내건 전국 종교인축구대회에는 예수교대한감리회 불교 천도교 원불교 대종교 몰몬교 이슬람교 통일교의 여덟티임이 참가하여 묘기백출로 관중들을 웃겼다."

더이상 언급이 없어 어떤 묘기가 관중들의 웃음을 자아냈

는지 알 길은 없습니다. 지금은 활동이 뜸한 대종교와 종교 간 갈등으로 애써 마주하지 않는 모르몬교(예수그리스도 후기 성도교회) 이슬람교 통일교가 참가한 것이 이색적입니다.

　종교의 힘이자 역할은 화해와 평화의 실핏줄이 돼 갈등으로 인한 상처를 치유하는 것입니다. 교리나 이해관계, 국제 정치 상황으로 먼저 증오하고 갈등하는 것은 종교의 가르침과는 거리가 먼 것 아닐까요. 4대 종단 축구대회가 다른 이웃 종교인들도 참여하는 화합의 장이 되길 기대해 봅니다.

2014. 11.

사제답게… 신자답게…
부모답게… 자식답게…

　　　　　　며칠 전 언제부터인가 시간을 정확하게 알려주는 역할을 못하는 집안 곳곳의 시계를 뗐습니다. 여러 번 배터리를 바꿔야지 하는 생각에도 차일피일 미뤘던 일입니다. 역시 시곗바늘을 들어 올릴 힘조차 없는 배터리 부분은 여기저기 녹슬어 있더군요.

　문득, 집안의 시계뿐 아니라 제 마음의 시계도 세상시계를 못 따라갈 정도로 녹슨 것은 아닐까 하는 불안감이 다가왔습니다. '아, 벌써 11월이네'라는 새삼스러운 놀라움과 함께.

　천주교 대구대교구 사제단이 최근 선배 사제들이 묻힌 묘역에서 '답게 살겠습니다' 운동을 선포했습니다. 이 자리에서 사제단 461명은 •성무(聖務)에 충실하고 •복음 선포에 최선을 다하며 •하느님의 백성을 섬기며 봉사하고 •사제단의 일치와 형제애를 위해 노력하겠다는 등의 내용이 담긴 선언문을 발표하면서 특히 '사제답게' 살 것을 신자들 앞에서 다짐했습니다.

이 운동은 가톨릭을 포함한 국내 7대 종단이 함께 참여하고 있는데 이처럼 많은 성직자들이 한꺼번에 참여한 것은 이례적입니다. 교구장인 조환길 대주교는 이날 미사 강론에서 "주교는 주교답게, 사제는 사제답게 자신의 본분을 다하는 것이 사제답게 잘 사는 것"이라며 "일회성에 그치는 이벤트가 아니라 실제로 그렇게 살도록 노력해야 한다"고 당부했습니다.

천주교 평신도들은 1989년부터 '내탓이오' 운동을 전개하기도 했습니다. 2년 동안 43만 장의 스티커를 배부해 큰 호응을 얻었죠. 차량이나 눈에 잘 보이는 곳 어딘가에 스티커를 붙여놓았던 기억도 나네요. 2001년에는 "어디 한번 똑바로 살아봅시다"라는 취지의 '똑바로'라는 운동도 있었습니다.

개신교에서는 2000년대 초반 기독교윤리실천운동(기윤실)을 중심으로 나부터 정직하게 행동하고, 나부터 직장 내의 비윤리적 관행을 막아 세상을 바꾸자는 뜻을 담은 'From Me(나부터)' 운동이 있었습니다.

명칭은 다르지만 모두 남 탓, 네 탓보다는 자신 내부에서 문제점을 찾고, 변화의 씨앗을 키우자는 취지입니다. 이제 눈에 보이는 시계를 탓할 게 아니라 '…답게'라는 마음속 시계가 재깍재깍 잘 가고 있는지 살펴보려고 합니다.

프란치스코 교황이 4일 바티칸의 성베드로 광장 수요 일반 알현에서 한 말의 일부입니다. "…가정에서 상처를 치유하는 간단한 비결이 뭔지 아십니까? 바로 싸움으로 하루를 끝내지 않는 것입니다. 용서를 구할 일이 있으면 용서를 청하고 하루를 마치십시오. 남편과 아내, 부모와 자녀, 형제자매, 며느리와 시어머니는 화해를 미뤄두고 하루를 마치지 마십시오."

2015. 11.

죽음이 갈라놓은
이름 '그대여'

사랑이 귀한 시절입니다. 말은 흔해졌지만 천금 무게로 다가오는 사랑을 찾기는 쉽지 않습니다.

원로 방송인 송해 씨(본명 송복희·91)의 사부곡(思婦曲)이 찡합니다. 빈소를 지키던 그는 "누구나 가는 길을 당신이 조금 앞서 가는 거야"라며 눈물 지었습니다. 22일에도 그는 "편안하게, 하늘나라에서는 아무 생각도 하지 말고, 그저 못한 것만 생각하면서 기다려 달라"며 "내가 가서 또 볼게. 안녕, 잘 가오"라며 못다 한 말을 남겼습니다.

조부 때부터 아들까지 4대 목회의 신앙 일가를 이룬 림인식 노량진교회 원로목사(93)의 최근 고백도 떠오릅니다. 그는 20년 동안 생활비를 가져다주지 않은 무능한 남편이었습니다. 가족 생일은 예수님 생일인 크리스마스에 공동생일로 대신하고, 교인들에게 폐 끼치는 게 싫다며 아들들을 연고도 없는 곳에서 결혼시킨 고집쟁이였습니다. 두 아들 목사는 웃으면서 '도둑 결혼'이라고 하더군요.

세상의 잣대로 볼 때 무능한 고집쟁이 남편은 2012년 아내를 떠나보내는 장례식 예배에서 "당신은 나에게 특별한 천사였소"라고 고백합니다. 부인은 말년 당뇨병과 파킨슨병 등을 앓았고, 림 목사는 투병 기간 동안 병시중을 도맡았습니다. "내가 해줄 수 있는 마지막 사랑이라고 생각했어요. 아마 20년 동안 생활비 안 줬던 것도 그때 다 용서해 줬을 거예요."

길이 387m로 국내에서 가장 긴 나무다리로 알려진 경북 안동 월영교(月映橋)는 사부곡(思父曲)의 사연이 있는 곳입니다.

1998년 안동에서 묘지 이장 작업을 하던 고성 이씨 문중의 이응태(1556~1586) 관 속에서 이른바 '원이 엄마의 편지'가 발견됩니다. "당신 언제나 나에게 둘이 머리 희어지도록 살다가 함께 죽자고 하셨지요. 그런데 어찌 나를 두고 당신 먼저 가십니까? … 이 편지 자세히 보시고 내 꿈에 와서 당신 모습 자세히 보여 주시고 또 말해 주세요. 나는 꿈에는 당신을 볼 수 있다고 믿고 있습니다. 몰래 와서 보여 주세요."

이 편지는 조선판 '사랑과 영혼'으로 회자되며 심금을 울렸습니다. 미라로 변한 남편의 관 속에는 젊은 아내가 머리카락을 잘라 삼은 미투리 한 켤레가 그대로 있었습니다.

400여 년이 흐른 2003년 사람들은 이들 부부의 사랑을 기리기 위해 안동댐 아래에 월영교를 세웁니다. 원이 엄마는 미투리를 가슴에 품은 동상으로 거듭나 월영교를 바라보고 있습니다.

조선 영·정조 시대에 활약한 표암(豹菴) 강세황(姜世晃·1713~1791)이 아내를 위해 지은 제문은 근엄한 표정에 가려진 선비의 깊은 정이 드러납니다. 명문가 출신인 그는 시서화(詩書畵)에 뛰어나 삼절(三絶)로 불렸지만 그 삶은 굴곡이 많아 곤궁하게 살다가 60대에 들어서야 영화를 맛보게 됩니다. 15세에 강세황과 결혼한 아내 유씨는 30년을 살다가 돌림병으로 먼저 세상을 떠납니다. 그의 제문은 꽃길보다는 고생길을 함께한 아내에 대한 미안함이 가득합니다. "그대의 가난도 나 때문이요, 그대가 병든 것도 나 때문이며 그대가 죽은 것도 나 때문이니 내가 무슨 마음으로 이 세상에서 사람이라 불릴 수 있으며 내가 무슨 면목으로 구천에서 당신을 볼 수 있겠소."

화가로 잘 알려진 김병종 서울대 동양화과 교수는 최근 아내 정미경 소설가의 1주기를 맞아 유고 소설 '당신의 아주 먼 섬'(문학동네)과 소설집 '새벽까지 희미하게'(창비)를 출간했습니다다. 원고를 발견하고도 한동안 출간을 망설인 사연이 있습니다. 정 작가는 문장을 숱하게 손본 뒤에야 원고를 넘기는 완벽주의자였고, 원고를 책 더미에 뒀다는 건 수정하려 했는데 갑작스레 떠나는 바람에 그러지 못했다는 것이지요. "정 작가는 펄쩍 뛰며 고치려고 했겠지만 색다른 시도라고 여기고 출간했어요. 아마 곁에 있었다면 곱게 눈을 흘긴 채 따라 줬을 거라 생각해 봅니다."

누군가를 만날 때 생전 배우자에 대해 묻거나, 그 사연을 다시 전하는 것은 매우 조심스럽습니다. 상황에 맞지 않거나 처지에 따라 다르게 해석될 수도 있기 때문이죠.

하지만 노목사의 한마디는 평생 부부의 울타리를 지켜온 인생 선배의 훈수라는 점에서 옮겨봅니다. '죽어도 같이 죽고, 살아도 같이 살아야지.' 그가 지켜낸 결심입니다. 평양에서 목회를 시작한 그는 6·25전쟁과 분단으로 치닫던 시점이라 이런 마음가짐이 절실했다고 합니다.

그 결심은 어쩌면 그의 천사를 보낸 뒤에도 계속되고 있지 않을까요? 꽃길만 걷게 해주겠다는 약속이 아니라 어떤 길이든 함께하겠다는 용기가 필요한 세상입니다.

2018. 1.

2월은 김수환 추기경(1922~2009)의 달, 3월은 법정 스님(1932~2010)의 달, 4월은 부활절, 5월은 부처님오신날….

공휴일을 포함해 특별한 의미를 담은 날짜들이 빼곡하게 표시된 달력이 있지만 종교 담당 기자의 달력은 좀 다릅니다. 특히 2, 3월은 나름 김 추기경과 법정 스님을 기리는 시기로 정해 두고 있어 두 분과 관련한 스토리를 찾기 위해 노력하는 편입니다. 세월이 무상하니 점차 잊혀진다는 게 세상의 순리이기는 합니다. 그 아쉬움 때문에 두 분을 재조명하는 면도 있지만 그분들 삶의 향기에 다가서는 다른 어른을 찾지 못하는 까닭이 더 큽니다.

최근 광주 무각사에서 만난 청학 스님도 비슷한 얘기를 하더군요. 스님은 법정 스님이 유럽 여행 중 거리에서 빵을 먹거나 기차를 기다리는 일상을 담은 사진을 건네면서 "요즘이야말로 무소유의 향기와 정신이 필요한 게 아니냐"고 했습니다.

청학 스님을 비롯해 법정 스님 곁을 지켰던 이들에 따르면 스님의 물질 또는 세속적 이익에 대한 거부감은 '결벽증'에 가까웠습니다. 남에게 부탁하는 것은 물론이고 신세지는 것도 몹시 싫어해 남들의 눈에는 까칠하게 보일 정도였다고 하네요. 스님은 담박한 글로 필명을 얻었지만 '글빚'이라며 책조차 남기지 말라고 유언했습니다.

아쉽게도 개인적인 사정으로 법정 스님의 입적과 장례 현장을 지키지 못했지만 김 추기경 선종 당시의 기억은 생생합니다. 명동대성당 주변을 몇 바퀴나 감싸던 끊임없는 조문 행렬이 이어졌습니다. 요즘으로 치면 아이돌 스타의 공연장에서나 볼 법한 일이었죠.

김 추기경은 1989년 세계성체대회를 개최한 뒤 장기 기증을 통한 생명 존중과 나눔 실천을 위해 한마음한몸운동본부를 설립했습니다. 추기경 선종 몇 해 뒤에 만난 이 단체의 본부장 정성환 신부(현 천주교주교회의 사회복지위원회 총무)의 말입니다. "김 추기경이 남기신 것은 한마디로 한 사람, 한 사람을 그대로 바라봐 주는 인간애죠. 우리 사회에 필요한 것은 강력한 리더십이 아니라 품어주고 안아주고 말을 들어주는 '서번트 리더십(servant leadership)', 섬김의 리더십이죠. 그런 지도자, 큰 어른이 없으니 추기경이 더 그리워집니다."

2014년 프란치스코 교황은 방한 당시 특정 종교를 뛰어넘는 '파파 신드롬'을 일으켰습니다. 언제나 상대방에게 맞춰 눈을 맞추고 소외된 이들을 먼저 찾는 교황의 낮은 행보는 우리 사회에 큰 울림을 준 바 있습니다. 그 감동과 별개로 내심 뼈아프게 느낀 것은 김 추기경과 법정 스님 이후로 더욱 커진 어른의 빈자리였습니다. 종교계는 물론이고 각계 원로를 헤아려 봐도 우리 시대의 어른을 찾기는 어려웠습니다.

다시 4년 뒤 같은 질문을 던집니다. 하지만 여전히 "맞아, 바로 이분"이라는 인물은 떠오르지 않습니다. 특정 집단의 사랑과 존경을 받는 분들은 있지만 이념과 세대, 지역을 뛰어넘는 시대의 어른을 찾아보기 어렵습니다.

언젠가부터 우리 사회에서 관용이란 단어가 사라진 것도 어른 부재의 큰 이유라고 생각합니다. 관용의 '관' 자만 꺼내도 이른바 적폐세력이 될 분위기입니다. 자신과 같은 생각이 아니라면 세상에서 공존할 수 없다는 흑백 논리, 이념에 따른 진영 논리가 여론을 주도하고 있습니다. 이순신 장군이 살아 계셔도 이 놀라운 여론의 급류에 혀를 내둘렀을지 모를 일입니다.

2016년 국내 출간된 일본의 유명 저자 우치다 다쓰루의 '어른 없는 사회'는 우리 현실에도 시사점이 있는 제목 때문에 손이 갔던 책입니다. 실제 일본 사회가 산업화와 가족 해체, 청년과 노인 문제 등 우리가 겪고 있는 문제들을 앞서 경험했기에 꽤 그럴듯한 대목이 적지 않습니다. 책의 주제는 '성장의 대가로 전통적 공동체의 미덕을 희생시킨 사회는 성장 신화가 붕괴한 시대를 어떻게 대처해야 할까'라는 겁니다. 결국 '어른의 부활'이 절실하다는 게 결론입니다. 그가 말하는 어른은 사회를 보전하는 일이 자기 일이라고 생각하는 사람, 내가 버린 것이 아니라도 발아래 유리조각을 먼저 줍는 사람입니다. 내가 버린 것이 아니면 내 일이 아니라고 생각하는 사람은 아니라는 거죠.

4월 1일은 부활절입니다. 예수는 세상 모든 가치에 앞서는 가치로 사랑을 실천했고, 부처는 깨달음을 통해 번뇌를 벗었

음에도 마지막 중생까지 책임지기 위해 사바세계에 머물렀습
니다. 부활의 시기에 어른이 부활할 수 있는 대한민국을 그려
봅니다.

2018. 3.

17일 경기 용인시 죽전의 새에덴교회에서 영화 같은 장면이 연출됐습니다. 1950년 크리스마스를 앞둔 12월 흥남철수작전을 수행한 메러디스빅토리호의 1등 항해사였던 로버트 러니 예비역 해군 제독(91)과 이 배에 몸을 실었을 당시 14세 소녀였던 김영숙 수녀(82)가 만난 것입니다. 두 사람은 68년의 세월이 흘렀음에도 어제처럼 생생한 기억을 떠올리며 마주 잡은 손을 한동안 놓지 못했습니다. 흥남철수작전은 피란민 10만여 명의 목숨을 구해 크리스마스의 기적으로 불립니다.

이 교회가 주최한 해외 참전용사 보은행사에는 흥남철수

작전과 장진호전투 참전 용사와 가족 45명이 초청됐습니다. 소강석 담임목사가 참전용사들에게 "당신들은 영원한 우리의 영웅"이라며 감사의 뜻을 전하자 러니 제독은 "진짜 영웅은 내가 아니라 그때 흥남에 있었던 한국인들"이라며 "자유를 찾아 메러디스빅토리호에 오른 그들이 진정한 영웅"이라고 말했습니다.

이 교회가 2007년 해외 참전용사 초청 행사를 시작할 때만 해도 "왜 이런 행사를 한 교회에서 하나?"라는 궁금증은 물론이고 너무 나서는 것 아니냐는 곱지 않은 시선조차 있었습니다.

맨손과 맨몸, 맨땅에서 일어선 이른바 '3M 목회자'를 자처하는 소 목사와 참전용사 행사에 대해 대화를 나눴던 적이 있습니다. 2006년 미국 로스앤젤레스에서 한 참전용사를 만난 것이 계기였습니다. 한국을 방문하고 싶지만 여건이 되지 않아 갈 수 없다는 게 참전용사의 말이었습니다.

더듬더듬 말을 이어가는 푸른 눈, 백발의 참전용사에게 소 목사는 대꾸를 못 한 채 한국식 큰절을 했습니다. 고맙고 미안하다는 의미였죠. 그 자리에서 정부가 어려우면 교회 차원에서라도 참전용사를 초청하겠다고 약속했습니다. 이 약속은

12년째 어김없이 지켜졌고, 그동안 국내외 참전용사 3500여 명이 초청됐습니다. 국가보훈처를 빼면 가장 많은 수의 참전용사를 초청했다는 게 교회 측 설명입니다.

올해 6월은 이전과 달리 판문점 남북 정상회담과 12일 북-미 정상회담으로 평화와 희망을 잉태했습니다. 과거에는 6·25전쟁으로 상징되는 동족 상잔의 기억과 현재형의 갈등과 상처가 가득했습니다.

북-미 정상회담을 앞두고 6·25전쟁에 참전했던 미군 용사들은 도널드 트럼프 대통령에게 한반도의 평화협정 체결을 요구하는 내용의 서한을 보냈습니다. 미국 '한국전쟁참전용사협회(KWVA)'는 지난달 초 토머스 스티븐스 회장 명의로 트럼프 대통령에게 "우리 회원들은 정전협정을 대체할 평화협정을 강력히 지지한다"는 내용이 담긴 서한을 보냈습니다. 이 서한에는 종전선언과 더불어 평화협정을 위한 트럼프 대통령의 협상을 요구한다는 메시지가 담긴 것으로 전해집니다. 이들이 바라는 것은 끝없는 대립과 긴장이 아니었고 자신들이 피로 지킨 한국의 평화와 번영이 남측뿐 아니라 한반도 전역으로 확산되는 것이었습니다.

종교계에서도 남과 북, 북-미 정상회담의 성공을 기원하는 행사와 종교 교류를 위한 노력들이 이어지고 있죠. 1993년 민간에서는 최초로 설립된 대북 지원단체인 남북나눔의 행보는 눈여겨볼 만합니다. 개신교계의 진보와 보수 성향의 인사들이 드물게 함께 참여하고 있습니다. 이 단체는 다른 분야의 지원 활동도 했지만 북한 어린이 돕기에 주력해왔습니다. 북한 어린이를 돕는 것이 무엇보다 현실적인 통일운동이라는 게 오랫동안 이 단체를 이끌어온 홍정길 전 이사장의 신념입니다. 통일의 그날, 남과 북의 건강한 후손들이 만날 수 있도록 도와야 한다는 취지죠.

얼마 전 경기 파주시 임진각에서 만난 독일 베르너 크레첼 목사는 타산지석의 지혜를 전했습니다. 그는 베를린 장벽 붕괴와 독일 통일을 지켜본 산증인의 한 사람입니다. 철책을 심각하게 지켜보던 그가 던진 키워드는 미래에 대한 준비와 비폭력의 기적입니다. 그는 앙겔라 메르켈 총리의 아버지 호르스트 카스너 목사의 삶을 대표적 사례로 꼽았습니다. 카스너 목사는 메르켈이 생후 3개월이던 때 동독에도 신앙이 필요하다며 이주했는데 자유로운 서독을 떠나 동독을 선택한 수백 명의 목회자 중 한 명입니다. 신앙의 영역뿐 아니라 다양한 분야에서 오랜 준비가 필요하다는 게 크레첼 목사의 조언입니다.

더 이상 남과 북으로 갈라선 반쪽의 6월이 아니길 바랍니다. 평화의 한반도라는 새로운 기적을 낳는 6월의 크리스마스를 기다립니다.

2018. 6.

04

산티아고와 아미시

2014 브라질 월드컵은 독일의 우승으로 막을 내렸습니다. 공교롭게도 프란치스코 교황의 모국인 아르헨티나와 명예교황인 베네딕토 16세의 모국인 독일이 결승전에서 만나 화제가 됐습니다.

이 경기가 '바티칸 더비'로 불리며 세간의 관심을 끌자 프란치스코 교황은 이례적으로 아르헨티나를 위해 기도하지는 않을 것이라며 중립을 선언하기도 했습니다. 현 교황은 자타가 공인하는 축구 마니아인데 어린 시절부터 부에노스아이레스 지역 프로팀의 열렬한 팬으로, 베네딕토 16세는 고향팀인 독일 프로축구 바이에른 뮌헨을 좋아하는 것으로 알려져 있습니다.

결승전이 독일의 1 대 0 승리로 끝난 뒤 프란치스코 교황의 반응은 나오지 않고 있습니다. 다만, 교황청 관계자는 "교황이 중립을 지키기 위해 경기를 직접 지켜보지 않았다. 경기 결과를 보고받았다"고 했습니다. 교황이 그 결과에 어떤 반응을 보였는지는 확인되지 않았습니다.

반면 베네딕토 16세의 비서 게오르크 겐스바인 대주교는 한 인터뷰에서 "베네딕토 16세가 결승전을 직접 보지 않고 먼저 주무셨다"면서 "그러나 결승전 결과를 듣고 '아르헨티나가 빨리 회복하기를 바란다'고 말씀하셨다"고 전했습니다.

국내 가톨릭 교계에서도 결승전은 사제들 사이에 관심거리였습니다. 교계의 대표적 베스트셀러 저자인 차동엽 신부는 아르헨티나를 응원했다고 합니다. 차 신부 주위에서는 "예정된 강연에 영향받을 정도로 신부님이 상심했다. 아르헨티나가 우승했다면 경제적으로 어렵고 힘든 사람들에게 큰 위로가 되지 않았겠냐고 말했다"고 전했습니다.

아르헨티나 현지의 반응은 좀 더 심각했습니다. 해외 이민자 출신으로는 최초로 외국 교구의 주교가 된 문한림 주교는 통화에서 "월드컵 결승전 패배로 아르헨티나 전체가 큰 슬픔에 빠졌다"고 했습니다.

　종교와 그다지 관계없는 축구 얘기를 왜 길게 언급하느냐고요? 이들 종교인의 반응에서는 사람들과 함께하려는 마음이 공통적으로 느껴집니다. 애써 중립을 지키고, 그 결과에 상심한 이들에게 위로를 보내는 따뜻한 온기입니다. 월드컵은 끝났지만 이런 배려가 지구촌 곳곳에 가득하기를 바랍니다.

2014. 7.

신앙인의
체온

사람들이 느끼는 종교별 체감온도는 어느 정도일까요?

최근 미국 여론조사회사 퓨리서치센터는 성인 3217명을 대상으로 화씨 0~100도까지 표시된 '체감온도계'로 종교별 신앙인의 체온을 재 달라는 내용의 설문조사 결과를 발표했습니다.

그 결과 체온이 가장 높았던 그룹은 유대교인으로 화씨 63도(섭씨 17.2도·이하 섭씨로 표기)로 나타났습니다. 가톨릭과 개신교인의 체온은 각각 16.7도와 16.1도였습니다.

반면 이슬람교인에 대한 체감온도는 4.4도로 매우 낮았습니다. 불교인(11.7도)과 힌두교인(10도)은 물론이고 무신론자(5도)보다도 낮은 수치입니다. 9·11테러와 미국과 대립각을 세워온 이슬람 세계에 대한 미국인들의 의식이 반영된 것으로 보입니다.

무종교 그룹의 응답도 눈여겨볼 만합니다. 이들은 개신교인의 체온을 영하 2.2도라고 표시한 반면 불교(20.6도), 유대교(16.1도), 힌두교인(14.4도) 등에 대해서는 후한 평가를 내렸습니다.

국내에선 불교계의 고산문화재단이 한국리서치에 의뢰해 9일 발표한 '한국인의 종교인식과 불교인상(이미지)에 대한 국민여론조사'가 눈길을 끕니다.

응답자들은 가장 신뢰하는 종교로 가톨릭(31.8%) 불교(31.6%), 개신교(21.6%) 순으로 꼽았습니다. 종교가 없는 그룹만 살펴보면 불교(37.4%), 가톨릭(30.8%), 개신교(5.5%) 순이었습니다.

체감온도나 신뢰라는 표현에서 알 수 있듯 이들 조사가 과학적, 객관적이라고 보기는 어렵지만 특정 종교에 대한 대체적인 분위기는 엿볼 수 있습니다. 미국인들의 이슬람교인에 대한 체감온도가 무신론자보다 낮게 나온 것이 그렇습니다.

물론 이슬람 지역에서 조사했다면 개신교에 대한 반응이 비
슷하겠지요. 또 하나, 한국과 미국 모두 무종교 그룹의 경우
다른 종교에 비해 개신교에 거리감을 많이 느낀다는 겁니다.

프란치스코 교황은 한 무신론자와의 대화에서 "나는 다른
사람을 개종시킬 마음이 없습니다. 나의 문은 항상 열려 있
습니다"라고 했죠. 종교를 뛰어넘어 서로 따뜻한 체온을 느낄
수 있는 열쇠는 열려 있는 마음의 문 아닐까 합니다.

2014. 7.

'금기 해제' 논란…
가톨릭 교회 선택은?

얼마 전 대구를 방문했다 40대 중반의 A 신부를 만날 기회가 있었습니다. 처음에는 세상 돌아가는 얘기를 나누다 자연스럽게 가톨릭 교리에 대한 주제로 이어졌습니다. 동성애와 여성사제, 낙태와 피임 등 그동안 가톨릭이 금기시해 온 단어들이 화제가 됐습니다.

"신부님, 세상이 어쩔 수 없이 변해가고 있는데 가톨릭교회가 어떤 것을 가장 먼저 인정하게 될까요?"(기자)

"…."(A 신부)

"동성애 문제 아닐까요? 프란치스코 교황도 동성애와 관련해서는 동정적인 입장을 밝히기도 했는데…."(기자)

침묵을 지키던 A 신부는 빙그레 웃으며 고개를 저었습니다. 그는 사견임을 전제로 하면서도 세 문제는 교회가 가까운 미래에 받아들이기는 어려울 것이라고 했습니다. 그러면서 그는 "가톨릭은 어느 종교보다도 역사성을 중시한다"며 "그 역사성의 핵심인 성경에서 셋 모두 인정하지 않고 있다"고 했습니다.

그는 또 교황의 동성애에 대한 몇몇 발언도 인간적인 차원의 배려라며 동성애를 교회에서 인정할 가능성은 없다고 잘라 말했습니다.

현재 교황청에서 열리고 있는 세계주교대의원회의가 이목을 끌고 있습니다. 이 회의가 특히 주목을 받는 이유는 결혼과 이혼, 피임과 낙태, 동성애 등의 주제를 다루고 있기 때문입니다.

외신에 따르면 최근 교황과 이 대회에 참석한 주교들이 '성교육'도 받았다고 하네요. 아마도 대회 주제 때문인 듯합니다. 호주 시드니에 사는 한 부부가 고위 성직자들 앞에서 55년 동안 결혼생활을 유지한 비결을 '성적 매력'이라고 설명하면서 동성애에 대한 동정적인 입장도 밝혔다고 합니다.

제2차 바티칸공의회(1962~1965년)는 20세기 들어 가톨릭교회를 근본적으로 바꾼 중요한 계기로 여겨집니다. 자국어 미사와 전례를 인정하고, 세상과의 소통을 강조하는 등 가톨릭 교회 현대화와 개방화에 큰 기여를 했습니다.

만약 A 신부의 예측과 달리 세계주교대의원회의에서 이들 금기에 수정을 가한다면 그 충격과 논란의 강도는 지구촌 전체를 흔드는 핵폭탄 수준일 겁니다.

2014. 10.

정당방위조차 거부하는
절대 평화지대

최근 휴가차 미국 뉴욕을 방문했다 펜실베이니아 주 랭커스터 카운티의 아미시 마을(The Amish village)을 찾았습니다. 이곳은 21세기를 살면서도 17, 18세기 삶을 고수해온 종교 공동체로 알려져 있습니다. 평소 꼭 가보고 싶었던 곳이죠.

전기와 전화가 없고 전통 의상에 모자를 쓰고 긴 수염을 기른 사람들이 마차를 끌고 다닙니다. 해리슨 포드 주연의 영화 '위트니스'에 등장했던 아이와 엄마가 바로 아미시 사람들이죠.

아미시라는 명칭은 스위스에서 활동한 종교 지도자 야코프 암만의 이름을 딴 것입니다. 현재 미국과 캐나다를 중심으로 20여만 명이 공동체를 이루며 살아가고 있습니다. 이들은 '재세례파'라고도 불립니다. 유아세례를 반대하고 성인이 되어 순수한 자신의 신앙의 결단으로 세례를 다시 받을 것을 주장해서죠.

오랜 운전으로 지칠 무렵 눈이 번쩍 뜨였습니다. 다그닥다그닥 소리를 내는 마차 때문입니다. 달리는 자동차 사이로 그 천연덕스러운 여유라니.

잠깐 길을 잃었다 마침내 'THIS IS THE AMISH VILL-AGE'라고 쓰인 흰색 건물을 찾았습니다. 이 마을과 관련한 투어 프로그램을 판매하고 관련 정보를 주는 일종의 관광안내소 같은 곳입니다.

투어에서는 가이드의 안내에 따라 아미시의 집 내부를 비롯해 외부에 있는 작은 상점과 대장간, 학교 등을 둘러봤습니다.

아미시들이 전기와 전화로 상징되는 문명을 멀리하는 것은 공동체의 유대와 결집을 해친다는 이유입니다. 전화로 얘기하는 편리함과 얼굴을 마주하고 수다를 떠는 옛 방식 중 어떤 게 나은 것인지 다시 생각하게 하네요.

학교는 중학교 과정인 8학년까지 자체 교육을 하는데 20세 전후의 아미시 처녀가 아이들을 가르칩니다. 이들의 공동체

학교들에는 'JOY(Jesus first, Others next, Yourself last)'라는 표어가 있습니다. '예수의 말씀이 가장 먼저, 그 다음에 상대방, 너 자신은 맨 마지막'이라는 의미죠.

이방인의 눈에 이들의 삶은 평화롭지만 불편합니다. 그러나 놀라운 반전도 있습니다. 가이드에 따르면 16세에 이른 아미시 청소년들은 일정 기간 바깥세상, '속세'를 경험할 기회를 갖게 됩니다. 이후 평생 아미시로 살지, 아니면 떠날지를 결정하는데 공동체에 남는 비율이 90%라네요.

이들의 삶이 새삼 이목을 끈 것은 2006년 아미시 학교에서 일어난 총격사건 때문입니다. 외부에서 온 정신질환자가 여학생 10명을 인질로 잡고 총격을 가해 5명이 사망하고 나머지 다섯 명도 중상을 입었습니다. 자식을 잃은 유족들은 그 슬픔에도 현장에서 자살한 범인의 가족을 찾아 위로하며 용서의 뜻을 전했다고 하네요.

이들은 정당방위조차도 폭력이라는 이유로 거부합니다. 아미시의 무저항 평화주의는 때로 조롱의 대상이 되기도 합니다. 미국 언론에는 아미시들이 저항하지 않나 보자며 총으로 말을 쏘거나 돈을 빼앗는 '우째 이런 일이' 같은 사건들이 종종 보도됩니다.

이곳에서 만난 루터교 신자 래리 게파트 씨의 말은 '21세기의 외딴섬' 아미시가 존재해야 하는 이유를 상징적으로 보여줍니다.

"파리의 충격적인 테러 사건을 보면서 평화가 어떻게 가능할지 고민이 된다. 나는 아미시 사람들처럼 살 수는 없다. 하지만 이곳의 삶은 폭력으로 믿음이나 가치를 실천할 수 없다는 것을 보여주는 것 같다."

2015. 1.

산티아고 길위에 핀
순례자의 환한 미소

"친구들을 사귈 수 있고, 종교적인 의미도 되새길 수 있어요."

세계적인 순례길 스페인 산티아고에서 만난 한 순례객의 말입니다. 이탈리아 출신의 40대 엔지니어라고 자신을 밝힌 그는 자전거를 타고 있었습니다. 이탈리아에서 프랑스 남부 루르드까지 이동한 뒤 그곳에서 자전거로 13일째 산티아고를 향해 페달을 밟고 있다고 하더군요. 그의 세 번째 산티아고행입니다. 왜 산티아고에 여러 번 오느냐고 물었더니 그는 몇 가지 이유를 꼽다가 "잘 모르겠다"며 웃었습니다.

알려진 대로 산티아고는 예수의 열두 제자 중 하나인 야고보(스페인식 이름 산티아고)의 무덤이 있는 스페인 서북쪽 도시 산티아고데콤포스텔라로 가는 길입니다.

산티아고와 아미시

　스페인의 가톨릭 성지를 취재하다 경험한 4km 정도의 도보 순례는 특별한 경험이었습니다. 1시간 남짓 걸으면서 가장 인상적으로 다가온 것은 길에서 만난 이들의 미소와 웃음이었습니다. 네덜란드 출신의 부부 순례객은 이쪽에서 양해를 구하며 사진을 찍자 자신들도 카메라를 들이대며 활짝 미소를 지었습니다.

　산티아고 가는 길에는 정말로 다양한 국적과 피부색, 연령의 사람들이 있었습니다. 이들을 마주칠 때마다 예외 없이 처음으로 나누는 '공통 언어'는 바로 웃음이었습니다. 그 길에는 한국인 순례객들도 빠지지 않습니다. 11일째 순례 중이라는 이윤정 씨는 하루 20~30km씩 걸었다고 했습니다. 2주간의 휴가를 내고 이 길을 찾았다고 하더군요. 그는 "내 삶의 힘든 시기에 꼭 한번 산티아고에 오고 싶었는데 생각보다 그 시기가 빨라졌다"고 하더군요.

　순례객들의 웃음 뒤에는 다양한 이유가 숨어 있을지 모릅니다. 제가 다시 그 길을 제대로 걷게 된다면 더 많은 이해를 하게 될 수도 있습니다. 아니면, 이유 따위는 필요 없어! 이렇게 말할 수도 있겠지요.─산티아고에서

2015. 6.

종교의 스토리텔링은
값진 문화자산

지난달 산티아고를 포함해 스페인 성지를 순례한 기억이 생생합니다.

일주일 남짓의 길지 않은 여정에 많은 성지를 둘러봤기에 어쩌면 달리는 말 위에서 풍경을 바라보는, 주마간산(走馬看山) 아닐까 합니다.

그럼에도 지울 수 없는 것은 가톨릭 성인(聖人)들에 얽힌 스토리텔링입니다. 산티아고에는 예수의 제자 야고보가 당시 세상 끝으로 여긴 이베리아 반도에 복음을 전한 뒤 팔레스타인 지역에서 순교했고, 이후 제자들이 그 유해를 이곳에 안장했다는 일화가 전해집니다.

아빌라는 데레사 성녀의 도시라고 해도 과언이 아닙니다. 인근 작은 도시 알바 데 토르메스의 한 수도원에는 수백 년 세월이 지나도 썩지 않는 것으로 알려진 그의 심장과 한쪽 팔이 보존돼 있습니다.

톨레도의 대성당을 찾는 이들은 성모자상 앞에서 무엇에 끌린 듯 발걸음을 멈추곤 합니다. 성모자상 중에서 드물게 환한 미소 때문이죠. "그 미소를 제대로 음미하려면 몇 도 각도에서 봐야 한다"는 가이드의 친절한 설명도 이어졌습니다.

야고보의 유해가 진짜 묻혀 있을까요? 데레사 성녀의 심장은 정말 썩지 않을까요? 신앙의 유무에 따라 신비한 종교현상에 대한 입장은 달라질 수 있습니다. 신자 중에서도 그런 것은 중요하지 않다는 의견도 있을 수 있습니다. 믿거나 말거나, '전설 따라 삼천리'일 수도 있지요.

그럼에도 흥미로운 것은 수많은 비(非)가톨릭 신자들조차 성인들에 얽힌 스토리텔링을 따르고 있다는 겁니다. 저도 예외는 아니었죠. 야고보의 무덤을 두 팔로 껴안고, 데레사 성녀의 심장을 바라보며 기도하는 의식에 동참했습니다.

산티아고를 비롯한 성지에서 만난 이들 중에는 가톨릭을 포함한 다양한 종교의 신자와 무신론자도 포함돼 있었습니다. 블랙 마돈나가 있는 몬트세라트 성지에서 만난 안톤 야스퍼라는 젊은이는 종교개혁이 시작된 독일 출신이었습니다. 마르틴 루터와 달리 교회 내부의 쇄신을 선택한 이냐시오의 흔적을 보는 소감을 묻자 "개신교 신자이지만 그게 무슨 상관이냐. 가톨릭 성인들과 관련한 성지들을 둘러봤는데 많은 걸 배웠다"고 했습니다.

스토리텔링에 매혹된 사람들이 이 도시들을 먹여 살리고 있다고 해도 과언이 아닙니다. 개인의 처지에 따라 순례 또는 관광으로 조금씩 색깔이 바뀔 뿐이죠.

문득, 이웃 종교의 종교시설 또는 성지화 과정에 거부감이 큰 국내 종교계의 분위기가 떠오릅니다. 종교적 스토리텔링, 그것은 갈등과 다툼의 원인이 아니라 서로 지켜줘야 할 매력적인 우리 문화의 자산 아닌가 합니다.

2015. 7.

미국 방문에 앞서 쿠바를 방문한
프란치스코 교황(79)과 피델 카스트로 전 국가평의회 의장(89)
의 만남은 흥미로웠습니다. 둘의 만남은 정치, 경제 등 다양
한 시각에서 분석이 가능하겠지요. 하지만 제게는 '살아있는
고수(高手)', 이 단어가 머리를 스쳤습니다.

카스트로는 1953년 체 게바라와 함께 쿠바의 변혁을 이끈
'혁명의 아이콘'이었죠. 반면 교황은 물이 새는 '노아의 방주'
로 불려온 바티칸 개혁을 이끌고 있는 새로운 아이콘입니다.

한데 흥미로운 것은 두 거물의 '의상'입니다. 세 줄 무늬가
선명한 아디다스 체육복을 입은 카스트로나 흰색 수단에 어

깨 망토의 일종인 에스클라비나(Esclavina)를 걸친 교황이나 만만치 않은 기운이 느껴집니다. 만약 둘 중 누군가가 화려한 정장이나 특별히 다른 옷을 챙겨 입었다면, 그가 기 싸움에서 진 게 아닐까 하는 생각도 해 봅니다.

군복을 즐겨 입던 카스트로 전 의장이 아디다스 운동복을 즐겨 입는 것은 장출혈 수술을 받은 2006년 이후로 알려져 있습니다. 그의 '아디다스 짝사랑'에 대한 이유는 정확하게 확인되지 않고 있습니다.

교황의 단출한 의상에도 화제가 끊이지 않고 있습니다. 공항에서 머리에 쓴 주케토(이탈리아어로 작은 바가지)가 바람에 날아가는가 하면 사람들 앞에서 연설하고 있는데 에스클라비나가 얼굴을 감싸버리기도 합니다. 한마디로 '바람 잘 날' 없습니다. 교황의 난처한 모습을 기가 막히게 찍은 사진을 모은 블로그들도 있습니다.

주케토가 하도 바람에 잘 날아다녀 가까운 신부님들께 머리에 고정할 수 없느냐고 물었더니 답변이 엇갈리네요. 머리 뒤쪽에 작은 단추가 있어 고정이 가능하지만 대부분 귀찮아서 하지 않는다는 분도 있고, 고정할 방법이 없다는 분도 있습니다.

에스클라비나는 노예 또는 종이라는 의미의 라틴어 에스클라보(Esclavo)에서 나왔다고 합니다. 교황이 '하느님의 종들의 종'으로도 불리는 것을 감안하면 어깨에 실린 망토의 의미를 살필 수 있습니다. 에스클라비나와 비슷하지만 조금 긴 모제타도 있습니다. 모제타는 고위 성직자들이 입는 것으로 전임 교황인 베네딕토 16세는 겨울용 붉은 모제타와 부활절용 하얀 모제타를 즐겨 입었습니다. 반면 프란치스코 교황은 모제타를 귀족적이고 부유한 전통으로 여겨 거의 입지 않는 것으로 알려져 있습니다.

엉뚱한 상상도 해 봅니다. 두 고수들은 역사적인 만남에서 골치 아픈 얘기 말고 이런 얘기도 나누지 않았을까요. "피델, 아디다스 줄무늬 운동복 정말 잘 어울려요." "작은 바가지, 한 번 써 봅시다."

2015. 9.

당신의 예수는
어떤 모습인가요

　　　　　　　　　　짧은 곱슬머리와 까무잡잡한 피부,
담갈색 눈과 수염….

　25일 성탄절을 앞두고 최근 외신과 인터넷에서 화제가 되
고 있는 예수의 얼굴입니다. 이 모습은 10여 년 전 영국 BBC
가 제작한 다큐멘터리 '신의 아들'에 사용된 것입니다. 영국 법
의학자이자 인류학자인 리처드 니브가 이스라엘 갈릴리 호수
주변에서 발굴한 3개의 셈족 두개골을 토대로 컴퓨터단층촬
영과 디지털 3D 기법을 통해 얼굴의 골격을 재현한 것입니다.
이 유골의 주인공들은 예수와 비슷한 시기에 살았던 것으로
추정되고 있습니다.

미국의 한 방송인이 최근 자신의 페이스북에 이 얼굴을 올리면서 새삼 관심을 끌고 있습니다. 니브가 복원한 것은 정확하게는 예수가 아니라 그 시기에 살았던 누군가의 모습이죠. 성경에 따르면 예수는 부활했고, 현재까지 예수로 추정되는 유골이 발견됐다는 보고도 없으니까요. 외신에 따르면 니브의 복원 과정에는 두개골뿐만 아니라 당시 시대적 상황도 반영됐습니다. 비교적 검은 피부는 예수가 30세가 될 때까지 목수로 대부분 옥외에서 일했기 때문이고, 수염은 당시 유대인 전통에 따른 것입니다. 유골 주인공의 키는 약 1.5m, 몸무게는 50kg 정도로 추정됩니다.

올해 4월 교황청은 예수가 십자가에 못 박혀 숨지고 나서 부활하기 전까지 시신을 감쌌던 수의로 알려진 이른바 '토리노의 성의(聖衣)'를 3개월여 동안 공개했습니다. 당시 세계 각지에서 인터넷 관람 신청만 100만 건 이상이었다고 하네요.

이 성의는 종교와 과학계의 오랜 논쟁 대상으로 존재해 왔습니다. 1898년 이탈리아 아마추어 사진가가 성의에서 발견한 상처투성이 남성의 형상을 예수의 모습으로 믿는 이들도 적지 않습니다. 이 형상은 긴 머리에 덥수룩한 수염, 움푹 들어간 눈 등 종교적 예술품에서 묘사한 예수와 비슷합니다. 1988년 과학자 21명은 탄소연대측정법을 통해 이 성의를 1260~1390년 것으로 결론을 내렸지만 그 반론도 만만치 않습니다. 교황청은 성의에 찍힌 얼굴이 실제 예수의 얼굴인지 등에 대해 공식적으로 언급한 적은 없지만 소중한 성물(聖物)인 것은 분명하다는 견해를 유지해왔습니다.

"저는 사실 거장들의 명화에 나오는 서구형 미남 스타일의 '얼짱 예수님'보다는 평범한 BBC 쪽 예수님이 훨씬 맘에 듭니다. 평범한 사람의 모습으로 우리 곁에 와서 큰 사랑을 베푼 것이 바로 그분의 삶이었으니까요."(천주교 대전교구 홍보국장 한광석 신부)

그의 말처럼 교계에서는 이단의 가능성이 있거나 상업적 목적으로 이용되지 않는 한 해당 교회가 속한 지역의 다양한 예수 형상을 문제 삼지 않는 분위기입니다. 아프리카에서는 종종 검은 예수상을 만나기도 합니다.

당신이 그리는 예수는 어떤 모습인가요? 물론 '외모'야 둘째겠죠. 성탄절을 앞두고 그의 마음을 만나길 기원합니다.

2015. 12.